모르는 말 찾기 | (상황별 여행 Wordbook) 수록

여행 일본어

TOMATO
Publishing Company

이 책의 특징

　일본은 우리나라와 가깝고 많은 볼거리, 먹을 거리로 인해 한 번쯤 여행하고 싶은 곳이기도 합니다. 또한 일본어는 우리말과 어순이 같아 단어만 알면 쉽게 의사소통을 할 수 있기 때문에 다른 외국을 여행할 때보다는 불안감도 덜한 편입니다.

　이 책은 일본으로 여행을 떠나는 여행자가 마주치게 되는 장면을 순서에 따라 배열하고 그 상황에서 필요로 하는 표현을 쉽게 찾아 일본인과 쉽게 의사소통을 할 수 있도록 구성한 것입니다.

각 장을 여행 순서에 따라 구성했습니다.
　일본으로의 여행 출발에서 귀국할 때까지를 여행 순서에 따라 장으로 구성하고, 각 장은 다양한 세부 상황으로 나누어 각 상황에서 요긴하게 쓸 수 있는 간단한 회화 표현 10개를 수록했습니다.

짧은 문장을 이용해서 쉽게 말할 수 있도록 했습니다.
　쉽게 말할 수 있는 간단하고 짧은 문장을 기본으로 구성해서 일본 여행시에 자신의 의사를 효과적으로 전달할 수 있도록 했습니다.

원어민 발음에 충실하게 우리말 발음을 표기했습니다.
　일본어 발음에 익숙하지 않은 분들을 위해 원어민 발음에 충실하게 한글 발음을 표기했습니다. 한글 발음을 읽기만 하면 현지에서 자신의 의사를 쉽게 전달할 수 있습니다.

Wordbook으로 모르는 말을 찾아 볼 수 있습니다
　한 마디 단어로도 최소한의 의사를 전달할 수 있습니다. 책의 뒤에 각 상황에서 모르는 말을 찾아 볼 수 있도록 Wordbook을 수록했습니다.

차 례

Chapter 1
기본표현

1. 만났을 때의 인사 ⋯⋯⋯⋯⋯⋯⋯⋯⋯⋯⋯⋯ 14
2. 헤어질 때의 인사 ⋯⋯⋯⋯⋯⋯⋯⋯⋯⋯⋯⋯ 16
3. 소개할 때 ⋯⋯⋯⋯⋯⋯⋯⋯⋯⋯⋯⋯⋯⋯⋯ 18
4. 방문할 때 ⋯⋯⋯⋯⋯⋯⋯⋯⋯⋯⋯⋯⋯⋯⋯ 20
5. 감사·사과할 때와 대답 ⋯⋯⋯⋯⋯⋯⋯⋯⋯ 22
6. 축하할 때·기원할 때 ⋯⋯⋯⋯⋯⋯⋯⋯⋯⋯ 24
7. 부탁할 때 ⋯⋯⋯⋯⋯⋯⋯⋯⋯⋯⋯⋯⋯⋯⋯ 26
8. 권유할 때 ⋯⋯⋯⋯⋯⋯⋯⋯⋯⋯⋯⋯⋯⋯⋯ 28
9. 시간·날짜·요일을 말할 때 ⋯⋯⋯⋯⋯⋯⋯ 30
10. 날씨를 말할 때 ⋯⋯⋯⋯⋯⋯⋯⋯⋯⋯⋯⋯ 32
11. 감정을 표현할 때 ⋯⋯⋯⋯⋯⋯⋯⋯⋯⋯⋯ 34
12. 물을 때·다시 물을 때 ⋯⋯⋯⋯⋯⋯⋯⋯⋯ 36
13. 간단한 질문과 대답 (1) ⋯⋯⋯⋯⋯⋯⋯⋯ 38
14. 간단한 질문과 대답 (2) ⋯⋯⋯⋯⋯⋯⋯⋯ 40

Chapter 2
출발·도착

1. 탑승할 때 ⋯⋯⋯⋯⋯⋯⋯⋯⋯⋯⋯⋯⋯⋯⋯ 44

2.	비행기 안에서	46
3.	기내 서비스	48
4.	기내에서의 문제	50
5.	입국심사	52
6.	수화물 찾을 때	54
7.	세관검사	56
8.	환전할 때	58
9.	관광안내소에서	60
10.	공항에서 시내로	62

Chapter 3
숙 박

1.	호텔을 찾을 때·예약할 때	66
2.	체크인 할 때	68
3.	프론트에서	70
4.	호텔 시설을 이용할 때	72
5.	룸서비스를 이용할 때	74
6.	세탁 서비스	76
7.	미용실·이발소에서	78
8.	체크아웃 할 때	80
9.	호텔에서의 문제	82

차 례

Chapter 4
식 사

1. 식당을 찾을 때 ········· 86
2. 식당을 예약할 때 ········· 88
3. 식당에 도착해서 ········· 90
4. 주문할 때(1) ········· 92
5. 주문할 때(2) ········· 94
6. 식사 중에 ········· 96
7. 패스트푸드점에서 ········· 98
8. 계산할 때 ········· 100

Chapter 5
전화·우편

1. 일반적인 전화 표현 ········· 104
2. 시내전화 걸 때 ········· 106
3. 국제전화 걸 때 ········· 108
4. 부재중·잘못 걸었을 때 ········· 110
5. 우체국에서 ········· 112

차 례

Chapter 6
교 통

1. 교통수단·길을 물을 때 …………………… 116
2. 택시를 이용할 때 ………………………… 118
3. 시내버스를 이용할 때 …………………… 120
4. 지하철을 이용할 때 ……………………… 122
5. 고속버스를 이용할 때 …………………… 124
6. 열차를 이용할 때 ………………………… 126
7. 렌터카를 이용할 때 ……………………… 128
8. 비행기를 이용할 때 ……………………… 130

Chapter 7
관 광

1. 관광안내소에서 …………………………… 134
2. 길을 물을 때 ……………………………… 136
3. 관광버스를 이용할 때 …………………… 138
4. 관광지에서·사진 찍을 때 ………………… 140
5. 박물관·미술관에서 ……………………… 142
6. 연극·영화 볼 때 ………………………… 144
7. 경기관전·스포츠 즐기기 ………………… 146

차 례

Chapter 8
쇼핑

1. 매장·상점을 찾을 때 ……………… 150
2. 쇼핑할 때의 기본 표현 …………… 152
3. 색·디자인·소재를 말할 때 ………… 154
4. 사이즈를 말할 때 ………………… 156
5. 흥정할 때·반품, 환불할 때 ………… 158
6. 포장·배송을 부탁할 때 …………… 160
7. 계산할 때 ………………………… 162

Chapter 9
문제해결

1. 분실 ……………………………… 166
2. 도난 ……………………………… 168
3. 몸이 아플 때 ……………………… 170
4. 증상을 설명할 때 ………………… 172
5. 약국에서 ………………………… 174

차 례

Chapter 10
귀국

1. 호텔을 체크아웃 할 때 ········ 178
2. 호텔에서 공항으로 ········ 180
3. 탑승·출국할 때 ········ 182

Wordbook
모르는 말 찾기

Wordbook 1.   출발·도착 ········ 186
Wordbook 2.   숙 박 ········ 216
Wordbook 3.   식 사 ········ 228
Wordbook 4.   전화·우편 ········ 248
Wordbook 5.   교 통 ········ 256
Wordbook 6.   관 광 ········ 272
Wordbook 7.   쇼 핑 ········ 288
Wordbook 8.   문제해결 ········ 310

일본 주요 도시 이름

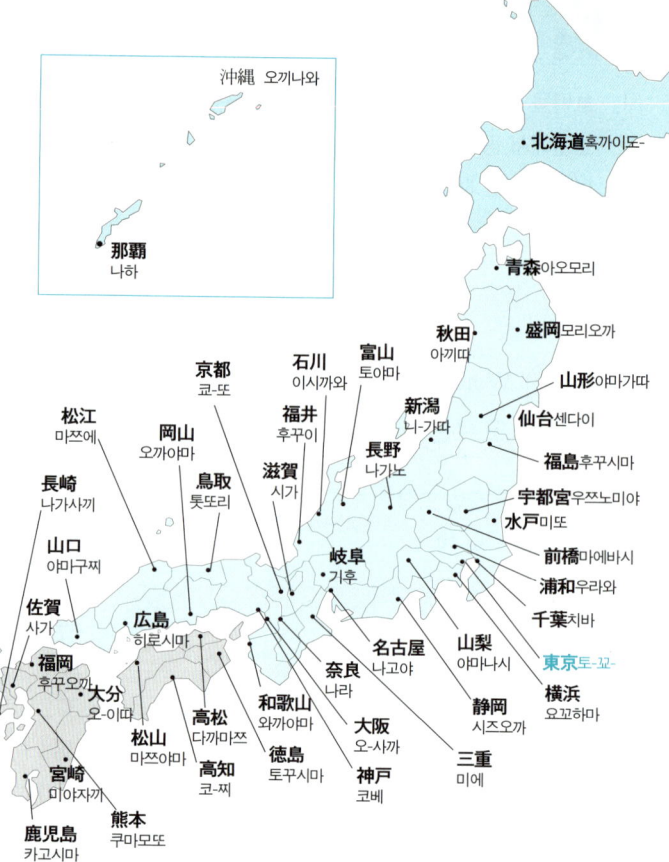

히라가나/카타카나

아 あ ア	이 い イ	우 う ウ	에 え エ	오 お オ
카 か カ	키 き キ	쿠 く ク	케 け ケ	코 こ コ
사 さ サ	시 し シ	스 す ス	세 せ セ	소 そ ソ
타 た タ	치 ち チ	츠 つ ツ	테 て テ	토 と ト
나 な ナ	니 に ニ	누 ぬ ヌ	네 ね ネ	노 の ノ
하 は ハ	히 ひ ヒ	후 ふ フ	헤 へ ヘ	호 ほ ホ
마 ま マ	미 み ミ	무 む ム	메 め メ	모 も モ
야 や ヤ		유 ゆ ユ		요 よ ヨ
라 ら ラ	리 り リ	루 る ル	레 れ レ	로 ろ ロ
와 わ ワ				오 を ヲ
응 ん ン				

Chapter 1

기본표현

1. 만났을 때의 인사
2. 헤어질 때의 인사
3. 소개할 때
4. 방문할 때
5. 감사·사과할 때와 대답
6. 축하할 때·기원할 때
7. 부탁할 때
8. 권유할 때
9. 시간·날짜·요일을 말할 때
10. 날씨를 말할 때
11. 감정을 표현할 때
12. 물을 때·다시 물을 때
13. 간단한 질문과 대답 (1)
14. 간단한 질문과 대답 (2)

간단한 한마디

제 이름은 ○○○입니다.

私の名前は  **です。**
와따시노 나마에와　　　　　　　　　　　데스

저는 ○○○입니다.

회사원	会社員 카이샤잉
학생	学生 각세-
기술자	技師 기시
간호원	看護婦 칸고후
교사	教師 쿄-시

私は 　　　　　　　　　　　**です。**
와따시와　　　　　　　　　　　데스

만났을 때의 인사

안녕하십니까?(오전 인사)
おはようございます。
오하요- 고자이마스

안녕하십니까?(낮 인사)
こんにちは。
콘니찌와

안녕하십니까?(오후 인사)
こんばんは。
콤방와

건강하십니까?
お元気ですか。
오겡끼데스까

덕분에 저는 건강합니다.
おかげさまで 私は 元気です。
오카께사마데 와따시와 겡끼데스

오랜만입니다.
お久しぶりです。
오히사시부리데스

처음 뵙겠습니다.
初めまして。
하지메마시떼

만나서 반갑습니다.
お目に かかれて うれしいです。
오메니 카까레떼 우레시-데스

제 이름은 ○○○입니다.
私の名前は ~です。
와따시노 나마에와 ~데스

잘 부탁드립니다.
よろしく お願いします。
요로시꾸 오네가이시마스

헤어질 때의 인사

mp3 Chapter01-02

뵙게 되어 반가웠습니다.
お会いできて よかったです。
오아이데끼떼 요깟따데스

자, 이제 가봐야 되겠어요.
ええ、もう 行かなければ なりません。
에- 모- 이까나께레바 나리마셍

안녕히 계세요(가세요).
さようなら。
사요-나라

몸 조심하세요.
気を つけて ください。
키오 쯔께떼 쿠다사이

가족분들에게 안부 전해 주세요.
ご家族の 方に よろしく。
고카조꾸노 카따니 요로시꾸

또 만나요.
また、会いましょう。
마따 아이마쇼-

내일 만나요!
また、あした。
마따 아시따

먼저 실례하겠습니다.
お先に 失礼します。
오사끼니 시쯔레-시마스

안녕히 주무세요.
おやすみなさい。
오야스미나사이

다녀오겠습니다.
行って きます。
잇떼 키마스

소개할 때

야마다 씨, 이쪽은 김 선생님이에요.
山田さん、こちらは 金さんです。
야마타상 코찌라와 키무상데스

처음 뵙겠습니다.
はじめまして。
하지메마시떼

당신에 대해서는 말씀 많이 들었습니다.
あなたのことは いろいろ うかがって おります。
아나따노 코또와 이로이로 우까갓떼 오리마스

제 이름은 ○○○입니다.
私の 名前は ~です。
와따시노 나마에와 ~데스

제 명함입니다.
私の 名刺です。
와따시노 메-시데스

뵙게 되어 반갑습니다.
お会いできて うれしいです。
오아이데끼떼 우레시-데스

저야말로 반갑습니다.
こちらこそ。
코찌라꼬소

잘 부탁합니다.
よろしく お願いします。
요로시꾸 오네가이시마스

저야말로. 잘 부탁합니다.
こちらこそ どうぞ よろしく。
코찌라꼬소 도-죠 요로시꾸

어디서 오셨습니까?
どちらから いらっしゃったんですか。
도찌라까라 이랏샷딴데스까

방문할 때

실례합니다.
失礼します。
시쯔레-시마스

다나카씨 계세요?
田中さんは いらっしゃいますか。
타나까상와 이랏샤이마스까

1시에 다나카씨와 약속이 되어 있는데요.
一時に 田中さんと 約束して いる はずなのですが。
이찌지니 타나까상또 약소꾸시떼 이루 하즈나노데스가

서울에서 온 ○○○입니다.
ソウルから 来た ~です。
소우루까라 키따 ~데스

제 명함입니다.
これが 私の 名刺です。
코레가 와따시노 메-시데스

이쪽으로 오세요.
こちらへ どうぞ。
코찌라에 도-조

(선물을 주며) 이거 받으세요.
これを どうぞ。
코레오 도-조

음료 좀 드시겠습니까?
何か 飲み物は いかがですか。
나니까 노미모노와 이까가데스까

아무거나 좋습니다.
何でも いいです。
난데모 이-데스

이제 그만 실례하겠습니다.
そろそろ 失礼します。
소로소로 시쯔레- 시마스

감사·사과할 때와 대답

mp3 Chapter01-05

고맙습니다.
ありがとうございます。
아리가또-고자이마스

정말 고맙습니다.
どうも ありがとうございます。
도-모 아리가또-고자이마스

고마워요.
どうも。
도-모

덕분에.
おかげさまで。
오카게사마데

천만에요.
どういたしまして。
도-이따시마시떼

미안합니다.
すみません。
스미마셍

죄송합니다.
ごめんなさい。
고멘나사이

늦어서 미안합니다.
遅れて すみません。
오꾸레떼 스미마셍

기다리시게 해서 죄송합니다.
お待たせして すみません。
오마따세시떼 스미마셍

괜찮아요.
大丈夫です。
다이죠-부데스

축하할 때·기원할 때

축하합니다.
おめでとうございます。
오메데또- 고자이마스

생일 축하합니다.
お誕生日 おめでとうございます。
오탄죠-비 오메데또- 고자이마스

입학 축하합니다.
ご入学 お祝い 申し上げます。
고뉴-가쿠 오이와이 모-시아게마스

새해 복 많이 받으세요.
あけまして おめでとうございます。
아케마시떼 오메데또- 고자이마스

잘 됐어요!
よかったですね!
요캇따데스네

좋은 여행 하세요.
よい ご旅行を。
요이 고료꼬-오

좋은 일이 있기를 빕니다.
いい ことが ありますように お祈りします。
이- 코또가 아리마스요-니 오이노리시마스

행운을 기원합니다.
ご幸運を お祈りします。
고코-운오 오이노리시마스

모든 일이 잘 되기를!
すべてが、うまく 行きますように!
스베떼가 우마꾸 이끼마스요-니

부디 행복하시길!
どうか お幸せに!
도-까 오시아와세니

부탁할 때

mp3 Chapter01-07

부탁을 해도 되겠습니까?
おねがいしても かまいませんか。
오네가이시떼모 카마이마셍까

부탁 드릴 일이 있는데요
ちょっと お願いする ことが ありますが。
춋또 오네가이스루 코또가 아리마스가

잠깐 시간을 내 주시겠습니까?
ちょっと お時間を いただけますか。
춋또 오지깡오 이타다께마스까

잠깐 기다려 주세요.
ちょっと 待って ください。
춋또 맛떼 쿠다사이

가르쳐 주세요.
教えて ください。
오시에떼 쿠다사이

계산을 부탁합니다.
お勘定を お願いします。
오칸죠오 오네가이시마스

사진을 찍어 주시겠습니까?
写真を とって いただけませんか。
샤싱오 톳떼 이타다께마셍까

가능하다면 빨리 만나고 싶은데요.
できるだけ 早く お会いしたいのですが。
데끼루다께 하야꾸 오아이시따이노데스가

들어가도 되겠습니까?
入っても いいですか。
하잇떼모 이-데스까

그러세요.
どうぞ。
도-조

권유할 때

오늘 밤 영화보러 갈까요?
今晩 映画を見に 行きましょうか。
콤방 에-가오 미니 이끼마쇼-까

한 잔 하러 가지 않겠어요?
飲みに 行きませんか。
노미니 이끼마셍까

커피는 어떻습니까?
コーヒーは どうですか。
코-히-와 도-데스까

한 잔 더 어떻습니까?
もう いっぱい どうですか。
모-입빠이 도-데스까

네, 좋습니다.
はい、よろしいです。
하이 요로시-데스

괜찮으시다면 같이 식사하지 않겠어요?
よっかたら、一緒に 食事しませんか。
욕캇따라 잇쇼니 쇼쿠지 시마셍까

저녁식사를 대접하고 싶은데요.
夕食を ごちそうしたいですが。
유-쇼쿠오 고치소-시타이데스가

좀 더 놀다 가세요.
もう ちょっと 遊んで 帰って ください。
모- 춋또 아손데 카엣테 쿠다사이

도와 드릴까요?
お手伝い しましょうか。
오테쯔다이 시마쇼-까

아뇨, 됐습니다.
いいえ、結構です。
이-에 켁꼬데스

시간·날짜·요일을 말할 때

mp3 Chapter01-09

실례지만 지금 몇 시입니까?
すみませんが、今 何時ですか。
스미마셍가 이마 난지데스까

제 시계로는 5시 5분입니다.
私の 時計では 5時5分です。
와따시노 토께이데와 고지 고훙데스

이 시계는 하루 5분 늦습니다.
この 時計は 一日に 5分 遅れます。
코노 토께이와 이찌니찌 고훙 오꾸레마스

오늘이 며칠이죠?
今日は 何日ですか。
쿄-와 난니찌데스까

모레는 며칠입니까?
明後日は 何日ですか。
아삿떼와 난니찌데스까

오늘이 15일인가요?
今日が 15日ですか。

쿄-가 쥬-고니찌데스까

오늘이 무슨 날입니까?
今日が 何の日ですか。

쿄-가 난노 히데스까

오늘이 무슨 요일입니까?
今日は 何曜日ですか。

쿄-와 난요-비데스까

오늘은 토요일입니다.
今日は 土曜日です。

쿄-와 도요-비데스

다음 일요일이 며칠입니까?
次の 日曜日は 何日ですか。

츠기노 니찌요-비와 난니찌데스까

날씨를 말할 때

mp3 Chapter01-10

오늘 날씨 어때요?
今日のお天気は どうですか。
쿄-노 오텡끼와 도-데스까

정말 좋은 날씨네요.
本当に いい お天気ですね。
혼또-니 이- 오텡끼데스네

날이 흐리군요.
曇ってますね。
쿠못떼마스네

오늘은 덥군요.
今日は 暑いですね。
쿄-와 아쯔이데스네

춥군요.
寒いですね。
사무이데스네

일본은 습도가 높군요.
日本は 湿渡が 高いですね。
니홍와 시쯔도가 타까이데스네

날이 개었으면 좋겠어요.
晴れたら いいですね。
하레따라 이-데스네

일기예보 들으셨어요?
天気予報 聞きましたか。
텡끼요호- 키끼마시따까

비가 올 것 같네요.
雨が 降りそうですね。
아메가 후리 소-데스네

내일은 날씨가 나빠질 것 같네요.
明日は 天気が 崩れそうですね。
아시따와 텡끼가 쿠즈레소-데스네

감정을 표현할 때

mp3 Chapter01-11

정말 기쁩니다.
本当に 嬉しいです。
혼또-니 우레시-데스

행복해! / 최고의 기분이다!
幸せ! / 最高の気分だ!
시아와세   사이고-노 키붕다

아, 살았다! / 아, 다행이다!
ああ、助かった! / ああ、よかった!
아- 타스깟따   아- 요깟따

이제 안심했습니다.
これで ほっとしました。
코레데 홋도시마시따

해냈어요!
やったよ!
얏따요

오늘은 운이 좋군!
今日は 運が いいです!
쿄-와 운가 이-데스

정말 슬프군요!
本当に 悲しいです!
혼또-니 카나시-데스

정말 안됐군요!
お気の 毒です!
오키노 도쿠데스

정말 믿을 수 없어요.
とても 信じられません。
토떼모 신지라레마셍

운이 나빴군요!
運が 悪かったですね。
운가 와루깟따데스네

물을 때·다시 물을 때

얼마가 되겠습니까?
いくらに なりますか。
이꾸라니 나리마스까

면세점은 어디 있습니까?
免税店は どこですか。
멘제-뗑와 도꼬데스까

누구시죠?
どちら 様ですか。
도찌라 사마데스까

언제 여기를 출발합니까?
いつ ここを 出発しますか。
이쯔 코꼬오 슙빠쯔시마스까

어느 버스로 가면 됩니까?
どの バスで 行けば いいですか。
도노 바스데 이께바 이-데스까

뭐라고 하셨습니까?
何と 言いましたか。
난또 이-마시타까

좀 더 천천히 말해 주세요.
もっと ゆっくり 言って ください。
못또 육꾸리 잇떼 쿠다시아

다시 한 번 말해 주세요.
もう 一度 言って ください。
모- 이찌도 잇떼 쿠다사이

그건 무슨 뜻입니까?
それは どういう 意味ですか。
소레와 도-이우 이미데스까

여기에 써 주세요.
ここに 書いて ください。
코꼬니 카이떼 쿠다사이

간단한 질문과 대답 (1)

mp3 Chapter01-13

실례지만...
すみませんが...
스미마셍가

부탁 드립니다.
お願いします。
오네가이시마스

어서 먼저 하세요.
どうぞ、お先に。
도-조 오사끼니

정말입니까?
本当ですか。
혼또-데스까

그렇습니까?
そうですか。
소-데스까

네. / 네, 그렇습니다.
はい。/ はい、そうです。
하이　　　　하이 소-데스

아뇨. / 아뇨, 아닙니다.
いいえ。/ いいえ、ちがいます。
이-에　　　　이-에 치가이마스

네, 알겠습니다.
ええ、わかりました。
에- 와까리마시따

모르겠습니다.
わかりません。
와까리마셍

한자로 써 주십시오.
漢字で 書いて ください。
칸지데 카이떼 쿠다사이

간단한 질문과 대답 (2)

mp3 Chapter01-14

이것은 무엇입니까?
これは 何ですか。
코레와 난데스까

제가 한 말을 아시겠어요?
私の 言った ことを お分かりですか。
와따시노 잇따 코또오 오와까리데스까

이것은 얼마입니까?
これは いくらですか。
코레와 이꾸라데스까

한국어를 할 수 있습니까?
韓国語が 話せますか。
캉꼬꾸고가 하나세마스까

저 분은 누구십니까?
あの 方は どなたさまですか。
아노 카따와 도나따사마데스까

손가락으로 가리켜 주세요.
指で さして ください。
유비데 사시떼 쿠다사이

잠깐만 기다려 주십시오.
ちょっと 待って ください。
촛또 맛떼 쿠다사이

물론입니다. / 그저 그렇습니다.
もちろんです。/ まあまあです。
모찌롱데스　　　　　　마-마-데스

아뇨, 됐습니다.
いいえ、けっこうです。
이-에 켁꼬-데스

그건 필요 없어요.
それは 要りません。
소레와 이리마셍

Chapter 2

출발·도착

1. 탑승할 때
2. 비행기 안에서
3. 기내 서비스
4. 기내에서의 문제
5. 입국심사
6. 수화물 찾을 때
7. 세관검사
8. 환전할 때
9. 관광안내소에서
10. 공항에서 시내로

간단한 한마디

~가는 비행편은 있습니까?

도쿄	東京	토-꾜-
삿뽀로	札幌	삽뽀로
오사카	大阪	오-사까

行きの 便は ありますか。
유끼노　빙와　아리마스까

~은 어디 입니까?

화장실	トイレ	토이레
버스 정류장	バス停	바스데-
역	駅	에끼

は どこですか。
와　도꼬데스까

탑승할 때

mp3 Chapter02-01

제 자리는 어디입니까?
　私の 席は どこですか。
와따시노 세끼와 도꼬데스까

이것은 어디 놓으면 좋겠습니까?
　これは どこに 置けば いいですか。
코레와 도꼬니 오께바 이-데스까

여긴 제 자리인데요.
　ここは 私の 席ですが。
코꼬와 와따시노 세끼데스가

좀 지나가겠습니다.
　ちょっと 通して ください。
촛또 토-시떼 쿠다사이

가방이 선반에 들어가질 않아요.
　バッグが 棚に 入りません。
박구가 타나니 하이리마셍

자리를 바꿔도 됩니까?
席を 移しても いいですか。

세끼오 우쯔시떼모 이-데스까

좌석을 눕혀도 되겠습니까?
シートを 倒しても いいですか。

시-또오 타오시떼모 이-데스까

좌석을 바로해 주시겠습니까?
シートを 戻して いただけますか。

시-또오 모도시떼 이따다께마스까

담요를 갖다 주겠습니까?
毛布を 取って いただけますか。

모-후오 돗떼 이따다께마스까

한국 잡지는 있습니까?
韓国の 雑誌は ありますか。

캉꼬꾸노 잣시와 아리마스까

 # 비행기 안에서

mp3 Chapter02-02

> 지나가겠습니다.
> 通して ください。
> 토-시떼 쿠다사이

> 짐은 여기 놓아도 됩니까?
> 荷物は ここに 置いても いいですか。
> 니모쯔와 코꼬니 오이데모 이-데스까

> 짐을 맡아 주시겠습니까?
> 荷物を 預かって もらえますか。
> 니모쯔오 아즈깟떼 모라에마스까

> 좀 덥(춥)습니다.
> ちょっと 暑(寒)いです。
> 춋또 아쯔(사무)이데스

> (옆 사람에게) 자리를 바꿔 주실 수 있습니까?
> 席を 替わって いただけますか。
> 세끼오 가왓떼 이따다께마스까

창측(통로측) 자리로 옮길 수 있습니까?
　窓側(通路側)の 席に 移れますか。

마도가와(쯔-로가와)노 세끼니 우쯔레마스까

식사는 언제 나옵니까?
　食事は いつ 出ますか。

쇼꾸지와 이쯔 데마스까

영화는 언제 시작됩니까?
　映画は いつ 始まりますか。

에-가와 이쯔 하지마리마스까

담배를 피워도 됩니까?
　タバコを 吸っても いいですか。

타바꼬오 슷떼모 이-데스까

도쿄에는 몇 시에 도착합니까?
　東京には 何時に 着きますか。

토-꾜-니와 난지니 쯔끼마스까

기내 서비스

mp3 Chapter02-03

어떤 음료가 있습니까?
どんな 飲み物が ありますか。
돈나 노미모노가 아리마스까

콜라(커피) 주세요.
コーラ(コーヒー) ください。
코-라(코-히-) 쿠다사이

와인(맥주) 주십시오.
ワイン(ビール)を ください。
와잉(비-루)오 쿠다사이

물을 좀 주세요
お水を ください。
오미즈오 쿠다사이

됐습니다.
けっこうです。
켁꼬-데스

담요를 한 장 더 주세요.
  毛布を もう 1枚 ください。
  모-후오 모- 이찌마이 쿠다사이

밥은 없습니까?
  ごはんは ありませんか。
  고항와 아리마셍까

잡지(신문) 있습니까?
  何か 雑誌(新聞)は ありますか。
  나니까 잣시(심붕)와 아리마스까

한국어 신문은 있습니까?
  韓国語の 新聞は ありますか。
  캉꼬꾸고노 심붕와 아리마스까

이어폰을 바꿔 주시겠습니까?
  イヤホーンを 取り替えて くれますか。
  이야홍-오 토리까에떼 쿠레마스까

기내에서의 문제

mp3 Chapter02-04

몸이 좋지 않은데요.
気分が 悪いんですが。
키붕가 와루인데스가

울렁거립니다.
むかむかするんです。
무까무까스룬데스

머리가 아픕니다.
頭痛が します。
즈쯔-가 시마스

아스피린은 있습니까?
アスピリンは ありますか。
아스삐링와 아리마스까

약을 좀 주시겠어요?
薬を もらえますか。
쿠스리오 모라에마스까

복통약 있습니까?
腹痛の薬は ありますか。
후꾸쯔-노 쿠스리와 아리마스까

멀미가 나는 것 같아요.
たぶん 乗り物酔いでしょう。
타붕 노리모노요이데쇼-

멀미봉지는 있습니까?
エチケット袋は ありますか。
에찌껫또 후꾸로와 아리마스까

멀미약을 좀 주세요.
乗り物酔いの 薬を ください。
노리모노요이노 쿠스리오 쿠다사이

한국어를 할 줄 아는 의사는 안 계십니까?
韓国語の 話せる 医者は いませんか。
캉꼬꾸고노 하나세루 이샤와 이마셍까

51

입국심사

방문 목적은 무엇입니까?
訪問の目的は 何ですか。
호-몽노 목떼끼와 난데스까

관광(비즈니스)입니다.
観光(ビジネス)です。
캉꼬-(비지네스)데스

일본에 며칠 동안 계실 겁니까?
日本に 何日くらい 滞在しますか。
니혼니 난니찌쿠라이 타이자이시마스까

1주일 정도입니다.
1週間ほどです。
잇슈-깡 호도데스

3일박 4일입니다.
3泊 4日です。
삼바꾸 욕까데스

도쿄에서는 어디에서 묵으십니까?
東京では どこに 泊りますか。
토-꾜데와 도꼬니 토마리마스까

○○호텔입니다.
○○ホテルです。
~호떼루데스

친구집에 묵을 겁니다.
知り合いの 家に 泊まります。
시리아이노 이에니 토마리마스

지금부터 찾을 겁니다.
これから 探します。
코레까라 사가시마스

당일치기 할 예정입니다.
日帰りの 予定です。
히가에리노 요떼이데스

수화물 찾을 때

mp3 Chapter02-06

짐은 어디서 찾습니까?
　手荷物は どこで 受け取りますか。
테니모쯔와 도꼬데 우께또리마스까

카트는 있습니까?
　カートは ありますか。
카-또와 아리마스까

제 여행가방이 망가져 있는데요.
　私の スーツケースが 壊れて いるのですが。
와따시노 스-쯔케-스가 코와레떼 이루노데스가

어디로 가야 합니까?
　どこに 行けば いいですか。
도꼬니 이께바 이-데스까

항공사 직원은 어디 있습니까?
　航空会社の 職員は どこに いますか。
코-꾸-카이샤노 쇼꾸잉와 도꼬니 이마스까

내 가방이 나오지 않았습니다.
私のスーツケースが 出て きません。

와따시노 스-쯔케-스가 데떼 키마셍

가방은 무슨 색입니까?
バッグは 何色ですか。

박구와 나니이로데스까

검정색입니다.
黒です。

쿠로데스

○○호텔에 묵고 있습니다.
○○ホテルに 泊まって います。

~호떼루니 토맛떼 이마스

찾게 되면 이 주소로 보내 주세요.
見つかったら、この 住所に 届けて ください。

미쯔깟따라 코노 쥬-쇼니 토또께떼 쿠다사이

세관검사

mp3 Chapter02-07

세관은 어디 있습니까?
税関は どこに ありますか。
제-깡와 도꼬니 아리마스까

신고할 것이 있습니까?
申告する ものが ありますか。
싱꼬꾸스루 모노가 아리마스까

신고할 것은 없습니다.
申告する ものは ありません。
싱꼬꾸스루 모노와 아리마셍

제 소지품입니다.
私の 身の回り ものです。
와따시노 미노마와리 모노데스

친구에게 줄 선물을 가지고 있습니다.
友人への おみやげを 持って います。
유-징에노 오미야게오 못떼 이마스

이것은 신고할 필요가 있습니까?
これは 申告の 必要が ありますか。
코레와 신꼬꾸노 히쯔요-가 아리마스까

돈을 신고해야 합니까?
お金を 申告しなければ なりませんか。
오까네오 싱꼬꾸시나께레바 나리마셍까

식료품은 갖고 들어갈 수 없습니까?
食料品は 持ち込めませんか。
쇼꾸료-힝와 모찌꼬메마셍까

이것은 과세대상이 됩니까?
これは 課税対象と なりますか。
코레와 카제이타이쇼-또 나리마스까

과세액은 얼마입니까?
課税額は いくらですか。
카제이가꾸와 이꾸라데스까

환전할 때

mp3 Chapter02-08

어디에서 환전을 할 수 있습니까?
どこで 両替できますか。
도꼬데 료-가에데끼마스까

이 근처에 환전소(은행)가 있습니까?
この へんに 両替所(銀行)は ありますか。
코노 헨니 료-가에죠(깅꼬-)와 아리마스까

원화를 엔으로 바꾸고 싶습니다.
ウォンを 円に 替えたいのですが。
웡오 엔니 카에따이노데스가

원화 환율은 얼마입니까?
ウォンの 為替レートは いくらですか。
원노 카와세 레-또와 이꾸라데스까

오늘의 환율은 얼마입니까?
今日の 為替レートは いくらですか。
쿄-노 카와세 레-또와 이꾸라데스까

천 엔짜리로 주세요.
千円札に して ください。
셍엥사쯔니 시떼 쿠다사이

소액권으로 바꿔 주십시오.
小さい お札に 替えて ください。
치-사이 오사쯔 니 카에떼 쿠다사이

나머지는 동전으로 주세요.
残りは コインに して ください。
노꼬리와 코잉니 시떼 쿠다사이

수수료는 얼마입니까?
手数料は いくらですか。
테스-료-와 이꾸라데스까

계산서를 주세요.
計算書を ください。
케-산쇼오 쿠다사이

관광안내소에서

mp3 Chapter02-09

관광안내소는 어디에 있습니까?
観光案内所は どこに ありますか。
캉꼬-안나이죠와 도꼬니 아리마스까

싸고 안전한 호텔을 소개해 주세요.
安くて 安全な ホテルを 紹介して ください。
야스꾸떼 안젠나 호떼루오 쇼-까이시떼 쿠다사이

유스호스텔에 묵고 싶은데요.
ユースホステルに 泊まりたいのですが。
유-스호스떼루니 토마리따이노데스가

일본식 여관을 소개해 주세요.
日本式の 旅館を 紹介して ください。
니혼시끼노 료깡오 쇼-까이시떼 쿠다사이

호텔 예약을 해 주세요.
ホテルの 予約を して ください。
호떼루노 요야꾸오 시떼 쿠다사이

시내지도는 없습니까?
市内 地図は ありませんか。
시나이 치즈와 아리마셍까

호텔까지 가는 방법을 가르쳐 주세요.
ホテルまでの 行き方を 教えて ください。
호떼루마데노 유끼카따오 오시에떼 쿠다사이

시내로 가는 셔틀버스 있습니까?
市内へ 行く シャトル バスは ありますか。
시나이에 이꾸 샤또루 바스와 아리마스까

택시 타는 곳은 어디입니까?
タクシー 乗り場は どこですか。
타꾸시- 노리바와 도꼬데스까

도쿄 관광지도를 갖고 싶은데요.
東京の 観光 地図が ほしいですが。
토-꾜-노 캉꼬- 치즈가 호시-데스가

공항에서 시내로

시내로 가는 가장 좋은 방법은 무엇입니까?
市内へ 行く いちばん いい 方法は 何ですか。
시나이에 이꾸 이찌방 이- 호-호-와 난데스까

셔틀버스는 어디에서 출발합니까?
シャトル バスは どこから 出ますか。
샤또루 바스와 도꼬까라 데마스까

다음 버스는 언제 옵니까?
次の バスは いつ 来ますか。
츠기노 바스와 이쯔 키마스까

셔틀버스는 ○○호텔에 섭니까?
シャトル バスは ○○ホテルに 止まりますか。
샤또루 바스와 ~호떼루니 토마리마스까

얼마나 걸립니까?
どの くらい かかりますか。
도노 쿠라이 카까리마스까

공항버스는 얼마입니까?
空港バスは いくらですか。
쿠-꼬-바스와 이꾸라데스까

어디에서 표를 살 수 있습니까?
どこで 切符が 買えますか。
도꼬데 킵뿌가 카에마스까

다음에서 내리고 싶습니다.
次で 降りたいのです。
쯔기데 오리따이노데스

여기에 세워 주세요.
ここで 止めて ください。
고꼬데 토메떼 쿠다사이

언제 내리면 되는지 알려 주시겠습니까?
いつ 降りたら いいか 教えて くれますか。
이쯔 오리따라 이-까 오시에떼 쿠레마스까

Chapter 3

숙박

1. 호텔을 찾을 때·예약할 때
2. 체크인 할 때
3. 프론트에서
4. 호텔 시설을 이용할 때
5. 룸서비스를 이용할 때
6. 세탁 서비스
7. 미용실·이발소에서
8. 체크아웃 할 때
9. 호텔에서의 문제

간단한 한마디

○○○을 찾고 있습니다.

호텔	ホテル	호떼루
여관	旅館	료깡
민박	民宿	민슈꾸

を 探して います。
오　사가시떼　　이마스

○○○딸린 방을 부탁합니다.

욕실	お風呂	오후로
샤워시설	シャワー	샤와
에어컨	エアコン	에아콩

付きの 部屋を
츠끼노　　헤야오

お願いします。
오네가이시마스

호텔을 찾을 때·예약할 때

mp3 Chapter03-01

역에서 가까운 호텔을 부탁합니다
駅から 近い ホテルを お願いします。
에끼까라 치까이 호떼루오 오네가이시마스

료칸을 소개해 주세요.
旅館を 紹介して ください。
료-깡오 쇼-까이시떼 쿠다사이

여기서 예약을 할 수 있습니까?
ここで 予約 できますか。
코꼬데 요야꾸 데끼마스까

민박에 묵고 싶은데요.
民宿に 泊まりたいんですが。
민슈꾸니 도마리따인데스가

다른 호텔을 소개해 주시겠습니까?
ほかの ホテルを 紹介して くれませんか。
호까노 호떼루오 쇼-까이시떼 쿠레마셍까

오늘 밤 싱글은 있습니까?
今夜 シングルは ありますか。
콩야 싱구루와 아리마스까

욕실이 딸린 싱글룸으로 부탁합니다.
バスつきの シングル ルームを お願いします。
바스쯔끼노 싱구루 루-무오 오네가이시마스

하루 얼마입니까?
一泊 おいくらですか。
입빠꾸 오이꾸라데스까

아침식사는 포함되어 있습니까?
朝食は ふくまれて いますか。
쪼-쇼꾸와 후꾸마레떼 이마스까

서비스료와 세금이 포함된 요금입니까?
サービスと 税金込の 料金ですか。
사-비스또 제-낑꼬미노 료-낑데스까

체크인 할 때

mp3 Chapter03-02

전화로 예약했는데요.
電話で 予約しましたが。
뎅와데 요야꾸시미시따가

체크인을 부탁합니다.
チェックインを お願いします。
첵꾸잉오 오네가이시마스

아직 예약은 하지 않았는데요.
まだ 予約は して いません。
마다 요야꾸와 시떼 이마셍

빈 방 있습니까?
空いて いる 部屋が ありますか。
아이떼 이루 헤야가 아리마스까

지금 바로 들어갈 수 있습니까?
いま、すぐ 部屋に 入れますか。
이마 스구 헤야니 하이레마스까

방을 보여 주시겠습니까?
部屋を 見せて いただけますか。
헤야오 미세떼 이따다께마스까

좀 더 큰 방은 없습니까?
もっと 大きな 部屋は ありませんか。
못또 오-끼나 헤야와 아리마셍까

트윈은 얼마입니까?
ツインは いくらですか。
쯔잉와 이꾸라데스까

1박에 얼마입니까?
一泊 いくらですか。
입빠꾸 이꾸라데스까

에어컨은 있습니까?
エアコンは ついて いますか。
에아콘와 츠이떼 이마스까

프론트에서

mp3 Chapter03-03

귀중품을 맡기고 싶은데요.
貴重品を 預けたいんですが。
키쬬힝오 아즈께따인데스가

귀중품 보관함을 열고 싶은데요.
セフティ・ボックスを 開けたいんですが。
세후띠 복꾸스오 아께따인데스가

열쇠를 맡아 주세요.
かぎを 預かって ください。
카기오 아즈깟떼 쿠다사이

열쇠 주세요. 702호실입니다.
かぎを ください。702号室です。
카기오 쿠다사이. 나나마루니고-시쯔데스

근처에 쇼핑몰이 있습니까?
近くに ショッピングモールは ありますか。
치까꾸니 숍삥구모-루와 아리마스까

택시를 불러 줄 수 있습니까?
　タクシーを 呼んで もらえますか。
　타꾸시-오 욘데 모라에마스까

짐 운반을 부탁하고 싶습니다.
　荷物を 運んで もらいたいです。
　니모쯔오 하꼰데 모라이따이데스.

제게 온 전언은 없습니까?
　私に 伝言は ありませんか。
　와따시니 뎅공와 아리마셍까

식당은 몇 시부터 몇 시까지 합니까?
　食堂は 何時から 何時まで やって いますか。
　쇼꾸도-와 난지까라 난지마데 얏떼 이마스까

한국에 팩스를 보내고 싶은데요.
　韓国に ファックスを 送りたいのですが。
　캉꼬꾸니 확꾸스오 오꾸리따이노데스가

호텔 시설을 이용할 때

mp3 Chapter03-04

사우나는 언제 사용할 수 있습니까?
サウナは いつ 使用できますか。
사우나와 이쯔 시요-데끼마스까

몇 시까지 레스토랑은 엽니까?
何時まで レストランは 開いて いますか。
난지마데 레스또랑와 아이떼 이마스까

몇 시에 커피숍은 엽니까?
何時に コーヒーショップは 開きますか。
난지니 코-히-숍뿌와 아끼마스까

인터넷을 쓸 수 있는 곳이 있습니까?
インターネットを 使える 所 ありますか。
인타-넷토오 츠까에루 토꼬로 아리마스까

수영장은 어디에 있습니까?
プールは どこに ありますか。
푸-루와 도꼬니 아리마스까

헬스클럽 있습니까?
ヘルスセンターは ありますか。
헤루스센타와 아리마스까

나이트클럽에서는 생음악 연주를 합니까?
ナイトクラブでは 生演奏が ありますか。
나이또 쿠라부데와 나마엔소-가 아리마스까

이 호텔에 이발소는 있습니까?
この ホテルには 床屋は ありますか。
코노 호떼루니와 토꼬야와 아리마스까

예약해야 합니까?
予約が 必要ですか。
요야꾸가 히쯔요-데스까

미용실을 예약하고 싶은데요.
美容院の 予約を したいのですが。
비요-잉노 요야꾸오 시따이노데스가

룸 서비스를 이용할 때

mp3 Chapter03-05

룸 서비스를 부탁합니다.
ルームサービスを お願いします。
루-무사-비스오 오네가이시마스

저는 ○○○이고 707호실입니다.
私は ○○○で、707号室です。
와따시와 ~데 나나마루나나고-시쯔데스

7시에 모닝콜을 부탁합니다.
7時に モーニングコールを お願いします。
시찌지니 모-닝구 코-루오 오네가이시마스

내일 아침식사를 주문하고 싶습니다.
明日の 朝食を 注文したいんですが。
아시따노 초-쇼꾸오 츄-몽시따인데스가

8시에 갖다 주세요.
8時に 持って きて ください。
하찌지니 못떼 키떼 쿠다사이

얼음과 물(커피)을 부탁합니다.
　氷と お水(コーヒー)を お願いします。
코오리또 오미즈(코-히-)오 오네가이시마스

빨리 좀 부탁합니다.
　急いで ください。
이소이데 쿠다사이

잠깐만 기다리세요.
　ちょっと 待って ください。
촛또 맛떼 쿠다사이

들어 오세요.
　おはいり ください。
오하이리 쿠다사이

거기에 놓아 주세요.
　そこに 置いて ください。
소꼬니 오이떼 쿠다사이

세탁 서비스

mp3 Chapter03-06

(전화로) 세탁 서비스를 부탁합니다.
洗濯サービスを お願いします。
센따구 사-비스오 오네가이시마스

코인 세탁소는 있습니까?
コイン ランドリーは ありますか。
코잉 란도리-와 아리마스까

당일 세탁 서비스는 있습니까?
即日 仕上げの 洗濯のサービスは ありますか。
소꾸지쯔 시아게노 센따꾸노 사-비스와 아리마스까

양복을 드라이클리닝 하려고 하는데요.
スーツを ドライクリーニング したいんですが。
스-쯔오 도라이쿠리-닝구 시따인데스가

내일 아침 10시까지 할 수 있습니까?
明日の 10時までに できあがりますか。
아시따노 쥬-지마데니 데끼아가리마스까

방으로 가지러 와 주지 않겠습니까?
部屋まで 取りに きて くださいませんか。
헤야마데 토리니 키떼 쿠다사이마셍까

이 얼룩이 빠지겠습니까?
この シミは 取れるでしょうか。
코노 시미와 토레루데쇼-까

언제까지 되겠습니까?
いつ できあがりますか。
이쯔 데끼아가리마스까

언제 세탁물을 배달해 줍니까?
洗濯物は、いつ 届けて もらえますか。
센따꾸모노와 이쯔 토도께떼 모라에마스까

세탁물이 아직 오지 않았습니다.
クリーニングが まだ 届きません。
쿠리-닝구가 마다 토도끼마셍

미용실·이발소에서

mp3 Chapter03-07

미용실 예약을 부탁합니다.
美容院の 予約を お願いします。
비요-잉노 요야꾸오 오네가이시마스

호텔 미용실을 몇 시부터입니까?
ホテルの 美容院は 何時からですか。
호테루노 비요-잉와 난지까라데스까

가볍게 파마해 주세요.
パーマは 軽く して ください。
파-마와 카루꾸 시떼 쿠다사이

커트를 부탁합니다.
カットを お願いします。
캇토오 오네가이시마스

커트와 면도를 부탁합니다.
カットと ひげそりを お願いします。
캇토또 히게소리오 오네가이시마스

샴푸와 세트를 부탁합니다.
シャンプーと セットを お願いします。
샴푸-또 셋토오 오네가이시마스

너무 짧게 하지 마세요.
あまり 短く しないで ください。
아마리 미지까꾸 시나이데 쿠다사이

살짝 다듬어만 주세요.
ほんの 少しだけ 刈り込んで ください。
혼노 스꼬시다께 카리꼰데 쿠다사이

뒷머리를 좀더 잘라 주세요.
後ろ髪を もっと 短く して ください。
우시로가미오 못또 미지까꾸 시떼 쿠다사이

얼마입니까?
おいくらですか。
오이꾸라데스까

체크아웃 할 때

mp3 Chapter03-08

체크아웃은 몇 시입니까?
チェックアウトは 何時ですか。
첵꾸아우토와 난지데스까

체크아웃을 부탁합니다.
チェックアウトを お願いします。
첵꾸아우토오 오네가이시마스

맡긴 귀중품을 내 주세요.
預けて おいた 貴重品を 出して ください。
아즈께떼 오이따 키쵸-힝오 다시떼 쿠다사이

신용카드로 계산해도 됩니까?
カードで いいですか。
카-도데 이-데스까

5시까지 짐을 맡아 주실 수 있습니까?
5時まで 荷物を 預かって もらえますか。
고지마데 니모쯔오 아즈깟떼 모라에마스까

짐을 옮겨 주세요.
荷物を 運んで ください。
니모쯔오 하꼰데 쿠다사이

택시를 불러 주세요.
タクシーを 呼んで ください。
타꾸시오 욘데 쿠다사이

이 짐을 택시까지 날라 주시겠습니까?
この 荷物を タクシーまで 運んで もらえますか。
코노 니모쯔오 타꾸시-마데 하꼰데 모라에마스까

영수증을 주세요.
領収証を お願いします。
료-슈쇼오 오네가이시마스

계산이 틀립니다.
計算が 違って います。
케-상가 치갓떼 이마스

 ## 호텔에서의 문제

mp3 Chapter03-09

열쇠를 잃어 버렸습니다.
かぎを なくして しまいました。
카기오 나꾸시떼 시마이마시따

방에 열쇠를 두고 나왔습니다.
部屋に 鍵を 置き忘れました。
헤야니 카기오 오끼와스레마시따

불이 안 켜집니다
電気が つきません。
뎅끼가 쯔끼마셍

에어컨(텔레비전)이 고장입니다.
エアコン(テレビ)が 故障して います。
에아콩(테레비)가 코쇼-시떼 이마스

화장실 물이 내려가지 않습니다.
トイレの 水が 流れません。
토이레노 미즈가 나가레마셍

더운 물이 나오지 않아요.
お湯が 出ません。

오유가 데마셍

담요 좀 갖다 주세요.
毛布を 持って きて ください。

모-후오 못떼 키떼 쿠다사이

화장지가 없는데요.
トイレット ペーパーが ないのですが。

토이렛또 페-파-가 나이노데스가

방 청소가 되어 있지 않은데요.
部屋の 掃除が して いませんが。

헤야노 소-지가 시떼 이마셍가

복도가 시끄러운데요.
廊下が 騒がしいんですが。

로-까가 사와가시인데스가

Chapter 4

식 사

1. 식당을 찾을 때
2. 식당을 예약할 때
3. 식당에 도착해서
4. 주문할 때(1)
5. 주문할 때(2)
6. 식사 중에
7. 패스트푸드점에서
8. 계산할 때

간단한 한마디

이 근처에 ○○○는 있습니까?

この 近に
코노　　치까꾸니

초밥집	寿司屋 스시야
회전초밥집	回転寿司 카이뗀 스시
라면집	ラーメン屋 라-멩야

は ありますか。
와　아리마스까

○○○을 부탁합니다.

젓가락	箸 하시
간장	醬油 쇼-유
계산서	お勘定 오깐죠-

を お願いします。
오　오네가이시마스

식당을 찾을 때

싼(고급) 일본음식점을 가르쳐 주십시오.
安い(高級) 和食店を 教えて ください。
야스이(코-뀨-) 와쇼꾸뗑오 오시에떼 쿠다사이

근처에 레스토랑이 있습니까?
近くに レストランが ありますか。
치까꾸니 레스또랑가 아리마스까

싸고 맛있는 곳 있습니까?
安くて おいしい 所 ありますか。
야스꾸떼 오이시- 토꼬로 아리마스까

좋은 바(초밥집)를 가르쳐 주십시오.
いい バー(寿司屋)を 教えて ください。
이- 바-(스시야)오 오시에떼 쿠다사이

몇 시부터 엽니까?
何時から 開いて いますか。
난지까라 아이떼 이마스까

가볍게 식사하고 싶습니다.
軽い 食事を したいのです。
카루이 쇼꾸지오 시따이노데스

이 지방 명물 요리를 먹고 싶습니다.
この 土地の 名物料理が 食べたいのです。
코노 토찌노 메-부쯔료-리가 타베따이노데스

(책을 보여주며) 이 식당은 어떻습니까?
この 店の 評判は どうですか。
코노 미세노 효-방와 도-데스까

이 식당은 어디 있습니까?
この 店は どこに ありますか。
코노 미세와 도꼬니 아리마스까

예약이 필요합니까?
予約が 必要ですか。
요야꾸가 히쯔요-데스까

식당을 예약할 때

> 오늘 밤 자리를 예약하고 싶습니다.
> 今晩 席を 予約したいのです。
> 콤방 세끼오 요야꾸시따이노데스

> 여기서 예약할 수 있습니까?
> ここで 予約できますか。
> 코꼬데 요야꾸데끼마스까

> 오늘 밤 6시에 예약을 해 주세요.
> 今晩 6時に 予約して ください。
> 콤방 로꾸지니 요야꾸시떼 쿠다사이

> 오늘 밤 7시에 3인석을 예약하려는데요.
> 今晩 7時に 3人 予約したいんですが。
> 콤방 시찌지니 산닝 요야꾸시따인데스가

> 내일 오후 4시에 예약을 하고 싶습니다.
> 明日 午後 4時に 予約したいのですが。
> 아시따 고고 요지니 요야꾸시따이노데스가

해안(야경)이 보이는 자리에 앉고 싶습니다.
　海岸(夜景)の 見える 席に 座りたいのです。
카이간(야께이)노 미에루 세끼니 스와리따이노데스

창 근처의 좌석이 좋겠는데요.
　窓の 近くの テーブルが いいのですが。
마도노 치까꾸노 테-부루가 이-노데스가

흡연(금연)석으로 해 주세요.
　喫煙(禁煙)席に して ください。
키쯔엔(킹엥)세끼니 시떼 쿠다사이

1인분에 얼마나 합니까?
　一人当たり いくらに なりますか。
히또리아따리 이꾸라니 나리마스까

거기는 어떻게 갑니까?
　そこは どうやって 行くんですか。
소꼬와 도-얏떼 이꾼데스까

식당에 도착해서

mp3 Chapter04-03

6시에 예약한 사람입니다.
6時に 予約して いる 者です。
로꾸지니 요야꾸시떼 이루 모노데스

조용한 구석 자리로 주세요.
静かな 隅の席に して ください。
시즈까나 스미노 세끼니 시떼 쿠다사이

다 같이 앉을 수 있는 자리로 부탁합니다.
全員 同じ テーブルで お願いします。
젱잉 오나지 테-부루데 오네가이시마스

전망이 좋은 자리로 주세요.
見晴らしの いい 席を お願いします。
미하라시노 이- 세끼오 오네가이시마스

일행 한 명이 나중에 올 겁니다.
連れが 1人 あとで 来ます。
츠레가 히또리 아또데 키마스

예약은 하지 않았는데 자리 있습니까?
予約は して いませんが、席は ありますか。
요야꾸와 시떼 이마셍가 세끼와 아리마스까

2사람 자리 있습니까?
2人分の 席は ありますか。
후따리분노 세끼와 아리마스까

언제 자리가 납니까?
いつ テーブルが 空きますか。
이쯔 테-부루가 아끼마스까

얼마나 기다려야 합니까?
どのくらい 待ちますか。
도노꾸라이 마찌마스까

자리가 나면 불러 주세요.
席が 空いたら 呼んで くたさい。
세끼가 아이따라 욘데 쿠다사이

주문할 때(1)

메뉴 좀 부탁합니다.
メニュー お願いします。
메뉴- 오네가이시마스

저, 주문받으세요.
すみません。注文を 取って ください。
스미마셍   츄-몽오 톳떼 쿠다사이

조금만 더 생각할 시간을 주시겠습니까?
もう 少し 考えさせて いただけますか。
모- 스꼬시 캉가에사세떼 이따다께마스까

음료는 무엇이 있습니까?
飲み物は 何が ありますか。
노미모노와 나니가 아리마스까

맥주(콜라)를 부탁합니다.
ビール(コーラ)を お願いします。
비-루(코-라)오 오네가이시마스

뭐가 빨리 됩니까?
何が 早く できますか。
나니가 하야꾸 데끼마스까

오래 걸립니까?
長く かかりますか。
나가꾸 카까리마스까

이것은 무슨 요리입니까?
これは どんな 料理ですか。
코레와 돈나 료-리데스까

맵습(답)니까?
辛い(甘い)ですか。
카라이(아마이)데스까

이것을 주세요.
これを ください。
코레오 쿠다사이

주문할 때(2)

mp3 Chapter04-05

1인분 더 부탁합니다
もう 1人分 お願いします。
모- 히또리붕 오네가이시마스

맵지 않게 해 주세요.
あまり 辛く しないで ください。
아마리 카라꾸 시나이데 쿠다사이

너무 짜서 먹을 수가 없습니다.
これは 塩辛くて 食べられません。
코레와 시오까라꾸떼 타베라레마셍

디저트는 뭐가 있습니까?
デザートには 何が ありますか。
데자토니와 나니가 아리마스까

술은 어떤 종류가 있습니까?
お酒は どんな 種類が ありますか。
오사께와 돈나 슈류이가 아리마스까

주문을 바꾸고 싶은데 되겠습니까?
注文を 替えたいのですが、いいですか。
츄-몽오 카에따이노데스가 이-데스까

식사가 아직 오지 않았습니다.
まだ 料理が 来て いません。
마다 료-리가 키떼 이마셍

4인분 주문했는데 2인분밖에 나오지 않았습니다.
4人分 注文したのですが、2人分しか 来て いません。
요님붕 츄-몽시따노데스가 후따리분시까 키떼 이마셍

이 요리는 주문하지 않았습니다.
この 料理は 注文して いません。
코노 료-리와 츄-몽시떼 이마셍

내가 주문한 것과는 다른 것 같은데요.
私の 注文した ものとは 違うと 思いますが。
와따시노 츄-몽시따 모노또와 치가우또 오모이마스가

식사 중에

웨이터!(여기요!)
すみません。/ お願いします。
스미마셍 오네가이시마스

메뉴를 다시 보여 주시겠습니까?
メニューを もう 一度 見せて もらえますか。
메뉴-오 모- 이찌도 미세떼 모라에마스까

접시를 하나 더 주시겠습니까?
もう 1枚 お皿を もらえますか。
모- 이찌마이 오사라오 모라에마스까

이것은 어떻게 먹습니까?
これは どうやって 食べますか。
코레와 도-얏떼 타베마스까

소금(후추/간장) 좀 갖다 주세요.
鹽(こしょう / 醬油)、お願いします。
시오(코쇼-/쇼-유) 오네가이시마스

홍차를 좀 더 주시겠습니까?
もう 少し 紅茶を もらえますか。
모- 스꼬시 코-쨔오 모라에마스까

빵을 더 주시겠습니까?
もっと パンを もらえますか。
못또 팡오 모라에마스까

물(나이프/ 젓가락) 좀 주세요.
お水(ナイフ / 箸)、お願いします。
오미즈(나이후/하시) 오네가이시마스

디저트 메뉴를 부탁합니다.
デザートメニューを お願いします。
데자-또 메뉴-오 오네가이시마스

미안합니다만, 좀 빨리 해 주십시오.
すみませんが、急いで ください。
스미마셍가 이소이떼 쿠다사이

패스트푸드점에서

여기 앉아도 됩니까?
ここに 座っても いいですか。
코꼬니 스왓떼모 이-데스까

라면 주세요.
ラーメン ください。
라-멩 쿠다사이

냄비우동은 오래 걸립니까?
うどんなべは ながく かかりますか。
우동나베와 나가꾸 카까리마스까

햄버거 2개 주십시오.
ハンバーガー 2つ お願いします。
함바-가- 후따쯔 오네가이시마스

이것을 주십시오.
これを お願いします。
코레오 오네가이시마스

햄 샌드위치와 콜라를 주십시오.
ハムサンドと コーラを お願いします。
하무산도또 코-라오 오네가이시마스

양파만 빼고 전부 넣어주세요.
たまねぎ 以外は すべて のせて ください。
타마네기 이가이와 스베떼 노세떼 쿠다사이

나이프와 포크는 어디 있습니까?
ナイフと フォークは どこに ありますか。
나이후또 훠-꾸와 도꼬니 아리마스까

여기서 먹겠습니다.
ここで 食べます。
코꼬데 타베마스

가지고 가겠습니다.
持ち帰ります。
모찌카에리마스

계산할 때

어디서 계산을 합니까?
勘定は どこで 払うんですか。
칸죠-와 도꼬데 하라운데스까

계산서를 부탁합니다.
お勘定、お願いします。
오깐죠- 오네가이시마스

각자 지불하려는데요.
別々に 支払いたいんですが。
베쯔베쯔니 시하라이따인데스가

3인분을 함께 지불하겠습니다.
3人ぶん まとめて 払います。
산닝붕 마또메떼 하라이마스

이 신용카드 받습니까?
この カードで 支払えますか。
코노 카-도데 시하라에마스까

이건 무슨 요금입니까?
これは 何の 料金ですか。

코레와 난노 료-낑데스까

합계 금액이 틀린 것 같아요.
合計金額が 間違って いる ようですよ。

고-께-낑까꾸가 마찌갓떼 이루 요-데스요

디저트는 주문하지 않았습니다.
デザートは 注文して いません。

데자-토와 츄-몬시떼 이마셍

거스름돈이 틀린 것 같습니다.
おつりが 違うようです。

오쯔리가 치가우요-데스

영수증을 주세요.
領収証を ください。

료-슈-쇼-오 쿠다사이

Chapter 5

전화·우편

1. 일반적인 전화 표현
2. 시내전화 걸 때
3. 국제전화 걸 때
4. 부재중·잘못 걸었을 때
5. 우체국에서

간단한 한마디

○○○에 전화하고 싶은데요.

☐ **に 電話したいのですが**
니　뎅와시따이노데스가

○○○을 보내고 싶은데요.

| 편지 手紙 테가미 |
| 소포 小包 코즈쯔미 | **を 送りたいのですが**
오　오꾸리따이노데스가

 # 일반적인 전화 표현

mp3 Chapter05-01

여보세요. 야마다 씨 댁입니까?
もしもし。山田さんの お宅ですか。
모시모시　　　야마따상노 오타꾸데스까

네, 야마다인데요.
はい、山田ですが。
하이　　야마따데스가

누구시죠?
どちらさまですか。
도찌라사마데스까

기타무라씨를 부탁합니다.
北村さん お願いします。
카따무라상 오네가이시마스

잠깐만 기다리세요.
少々 お待ちください。
쇼-쇼- 오마찌 쿠다사이

다나카씨 전화 받으세요.
田中さん、お電話ですよ。
타나까상 오뎅와데스요

전화 좀 받아 주세요.
ちょっと 出て ください。
촛또 데떼 쿠다사이

10시에 다시 전화해 주세요.
10時に もう 一度 お電話 ください。
쥬-지니 모- 이찌도 오뎅와 쿠다사이

나중에 다시 전화하겠습니다.
あとで また お電話します。
아또데 마따 오뎅와시마스

잘못 거셨습니다.
ちがいます。
치가이마스

시내전화 걸 때

mp3 Chapter05-02

이 근처에 공중전화는 없습니까?
この 近くに 公衆電話は ありませんか。
코노 치까꾸니 코-슈-뎅와와 아리마셍까

전화 사용법을 가르쳐 주세요.
電話の 使い方を 教えて ください。
뎅와노 츠까이까따오 오시에떼 쿠다사이

전화 좀 써도 괜찮겠습니까?
電話を 使っても いいですか。
뎅와오 츠캇떼모 이-데스까

기무라씨를 바꿔 주세요.
木村さんを かえて ください。
키무라상오 카에떼 쿠다사이

다나카 씨와 통화하고 싶은데요.
田中さんと お話が したいんですが。
타나까상또 오하나시가 시따인데스가

전화번호부 있습니까?
電話帳は ありますか。
뎅와쬬- 와 아리마스까

좀 천천히 말씀해 주세요.
もっと ゆっくり 話して ください。
못또 육꾸리 하나시떼 쿠다사이

잘 들리지 않습니다.
よく 聞こえません。
요꾸 키꼬에마셍

팩스를 보내고 싶은데요.
ファックスを 送りたいんですが。
확꾸스오 오꾸리따인데스가

e메일을 확인해 봐야 하는데요.
Eーメールを 見なければ なりません。
이-메-루오 미나께레바 나리마셍

국제전화 걸 때

서울에 전화하고 싶은데요.
ソウルに 電話したいんですが。
소우루니 뎅와시따인데스가

이 전화로 한국에 전화할 수 있습니까?
この 電話で 韓国に かけられますか。
코노 뎅와데 캉꼬꾸니 카께라레마스까

○○씨를 지명전화로 부탁합니다.
○○さんを 指名通話で お願いします。
~상오 시메-쯔-와데 오네가이시마스

콜렉트콜로 걸고 싶은데요.
コレクトコールで かけたいんですが。
코레꾸또 코-루데 카께따인데스가

지역번호는 02 번호는 375-4576입니다.
市外局番は 02で、番号は375-4576です。
시가이쿄꾸방와 제로니데 빙고-와 산나나고노 용고나나로꾸데스서울 전화교환과 연결해 주세요.
　ソウルの オペレーターに つないで ください。
　소우루노 오페레-타-니 츠나이데 쿠다사이

이 전화로 국제 다이얼통화를 할 수 있습니까?
　この 電話で 国際ダイヤル通話は できますか。
　코노 뎅와데 콕사이 다이야루 쯔-와와 데끼마스까

전화카드는 어디서 팝니까?
　テレホンカードは どこで 売って いますか。
　테레홍카-도와 도꼬데 웃떼 이마스까

서울로의 통화는 얼마였습니까?
　ソウルへの 通話は おいくらでしたか。
　소우루에노 쯔-와와 오이꾸라데시따까

일단 끊고 기다려 주세요.
　いちおう 切って お待ち ください。
　이찌오- 킷떼 오마찌 쿠다사이

 ## 부재중·잘못 걸었을 때

나중에 전화하겠습니다.
のちほど 電話します。
노찌호도 뎅와시마스

그는 통화중입니다.
彼は 話し中です。
카레와 하나시쮸-데스

스즈키는 지금 자리에 없습니다.
鈴木は ただ 今、席を はずして おります。
스즈끼와 타다 이마 세끼오 하즈시떼 오리마스

지금 외출중입니다.
いま 外出中です。
이마 가이슛쮸-데스

언제 돌아오십니까?
いつ 帰られますか。
이쯔 카에라레마스까

몇 번에 거셨습니까?
何番に おかけですか。
남반니 오까께데스까

나중에 다시 걸겠습니다.
あとで また かけます。
아또데 마따 카께마스

10분 후에 다시 걸어 주시겠습니까?
十分後に かけなおして くださいませんか。
쥽뿡고니 카께나오시떼 쿠다사이마셍까

말씀 좀 전해 주세요.
メッセージを お願いしたいのですが。
멧세-지오 오네가이시따이노데스가

저에게 전화해 달라고 전해 주세요.
私に 電話する ように 伝えて ください。
와따시니 뎅와스루 요-니 츠따에떼 쿠다사이

 ## 우체국에서

이 편지를 한국으로 부치고 싶은데요.
この 手紙を 韓国に 送りたいんですが。
코노 테가미오 캉꼬꾸니 오꾸리따인데스가

항공편(선편)은 얼마입니까?
航空便(船便)は いくらですか。
코-꾸-빙(후나빙)와 이꾸라데스까

100엔짜리 우표 5장 부탁합니다.
100円 切手 5枚 お願いします。
햐꾸엥 킷떼 고마이 오네가이시마스

이것을 항공속달로 부탁합니다.
これを 航空速達で お願いします。
코레오 코-꾸-소꾸따쯔데 오네가이시마스

등기로 해 주십시오.
書留に して ください。
카끼또메니 시떼 쿠다사이

이 소포를 착불로 보내 주세요.
この 小包を 料金 着払いで 送って ください。
코노 코즈쯔미오 료-낑 차꾸바라이데 오꿋떼 쿠다사이

깨지는 물건이니까 조심해서 다뤄 주세요.
壊れ物なので 注意して 扱って ください。
코와레모노나노데 쮸-이시떼 아쯔깟떼 쿠다사이

종이상자를 살 수 있습니까?
ダンボール箱を 買えますか。
담보-루바꼬오 카에마스까

내용물은 전부 책(옷)입니다.
中身は 全部 本(服)です。
나까미와 젬부 홍(후꾸)데스

보험에 들고 싶은데요.
保険を かけたいんですが。
호껭오 카께따인데스가

Chapter 6

교 통

1. 교통수단·길을 물을 때
2. 택시를 이용할 때
3. 시내버스를 이용할 때
4. 지하철을 이용할 때
5. 고속버스를 이용할 때
6. 열차를 이용할 때
7. 렌터카를 이용할 때
8. 비행기를 이용할 때

간단한 한마디

○○○은 어디입니까?

| 버스정류장 バス停 바스떼- |
| 역　　　　駅 에끼 |
| ~로 가는 길 |
| 　~へ 行く 道 ~에 이꾸 미찌 |

は どこですか。
와　도꼬데스까

○○○열차는 몇 시에 있습니까?

| 다음　　つぎ　츠기 |
| 첫　　　始発　시하쯔 |
| 마지막　最終　사이슈 |

の 列車は 何時ですか。
노　 렛샤와　　　 난지데스까

교통수단·길을 물을 때

mp3 Chapter06-01

우에노역에는 버스로 갈 수 있습니까?
> 上野駅には バスで 行けますか。

우에노에끼니와 바스데 이께마스까

가장 가까운 지하철역은 어디입니까?
> 最寄りの 地下鉄の 駅は どこですか。

모요리노 치까떼쯔노 에끼와 도꼬데스까

택시(버스) 타는 곳은 어디입니까?
> タクシー(バス)乗り場は どこですか。

타꾸시-(바스) 노리바와 도꼬데스까

배(페리)는 어디에서 탑니까?
> 船(フエリー)に 乗るのは どこですか。

후네(훼리-)니 노루노와 도꼬데스까

여기에 약도를 그려 주세요.
> ここに 地図を 書いて ください。

코꼬니 치즈오 카이떼 쿠다사이

이 주소를 찾고 있는데요.
この 住所を 探して いますが。
코노 쥬-쇼오 사가시떼 이마스가

어떤 것을 타면 좋겠습니까?
乗り物は 何に 乗れば いいですか。
노리모노와 난니 노레바 이-데스까

지하철이라면 어디서 내리면 될까요?
地下鉄だったら どこで 降りたら いいですか。
치까떼쯔닷따라 도꼬데 오리따라 이-데스까

우에노 동물원에 가고 싶은데요.
上野動物園へ 行きたいんですが。
우에노토-부쯔엥에 이끼따인데스가

가는 길을 가르쳐 주세요
道順を 教えて ください。
미찌중오 오시에떼 쿠다사이

택시를 이용할 때

택시는 어디서 탈 수 있습니까?
タクシーは どこで 乗れますか。
타꾸시와 도꼬데 노레마스까

택시를 불러 주시겠습니까?
タクシーを 呼んで いただけますか。
타꾸시-오 욘데 이따다께마스까

이 주소로 가 주세요.
この 住所へ 行って ください。
코노 쥬-쇼에 잇떼 쿠다사이

우에노 공원까지 부탁합니다.
上野公園まで お願いします。
우에노코-엠마데 오네가이시마스

공항에 8시까지 갈 수 있습니까?
空港に 8時までに 行けますか。
쿠-꼬-니 하찌지마데니 이께마스까

도쿄역까지 요금이 얼마나 되겠습니까?
東京駅まで いくら ぐらいですか。
토-꾜에끼마데 이꾸라 구라이데스까

도쿄 타워까지 몇 분쯤 걸릴까요?
東京タワーまで 何分くらい かかりますか。
토-꼬-타와-마데 남뿡쿠라이 카까리마스까

다음 교차로에서 오른(왼)쪽으로 가 주십시오.
次の 交差点で 右(左)に まがって ください。
츠기노 코-사뗀데 미기(히다리)니 마갓떼 쿠다사이

여기에 세워 주세요.
ここで 止めて ください。
코꼬데 토메떼 쿠다사이

요금은 얼마입니까?
料金は、いくらですか。
료-낑와 이꾸라데스까

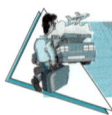

시내버스를 이용할 때

mp3 Chapter06-03

버스정류장은 어디입니까?
バス乗り場は どこですか。
바스노리바와 도꼬데스까

버스 노선도를 주시겠습니까?
バスの 路線図を いただけますか。
바스노 로센즈오 이따다께마스까

이 버스는 ○○에 갑니까?
この バスは ○○に いきますか。
코노 바스와 ~니 이끼마스까

긴자 가는 버스는 몇 번입니까?
銀座行きの バスは 何番ですか。
긴자유끼노 바스와 남반데스까

어디에서 갈아탑니까?
どこで 乗り換えるんですか。
도꼬데 노리까에룬데스까

신주쿠역까지는 얼마나 걸립니까?
新宿駅までは 何分くらい かかりますか。
신쥬꾸에끼마데와 남뿡꾸라이 카까리마스까

다음 버스는 언제 옵니까?
次の バスは いつ 来ますか。
츠기노 바스와 이쯔 키마스까

다음(마지막) 버스는 몇 시입니까?
次(最終)の バスは 何時ですか。
츠기(사이슈-)노 바스와 난지데스까

○○에 도착하면 가르쳐 주시겠습니까?
○○に 着いたら 教えて いただけますか。
~니 츠이따라 오시에떼 이따다께마스까

여기서 내려 주세요.
ここで 降ろして ください。
코꼬데 오로시떼 쿠다사이

지하철을 이용할 때

mp3 Chapter06-04

가장 가까운 지하철역은 어디입니까?
いちばん 近い 駅は どこですか。
이찌방 치까이 에끼와 도꼬데스까

지하철 노선도는 있습니까?
地下鉄の 路線図は ありますか。
치까떼쯔노 로센즈와 아리마스까

긴자에 가려면 어느 선을 타면 될까요?
銀座へ 行くには どの線に 乗れば いいですか。
긴자에 이꾸니와 도노 센니 노레바 이-데스까

어느 역에서 내리는 것이 좋습니까?
どこの 駅で 降りるのが いいですか。
도꼬노 에끼데 오리루노가 이-데스까

어느 선이 가장 빠릅니까?
どの 線が 一番 早いのですか。
도노센가 이찌방 하야이노데스까

표 파는 곳은 어디입니까?
チケットの 売り場は どこですか。
치켓또노 우리바와 도꼬데스까

긴자선 홈은 어느 쪽입니까?
銀座線の ホームは どちらですか。
긴자센노 호-무와 도찌라데스까

긴자 방면은 여기가 맞습니까?
銀座方面は ここですか。
긴자호-멩와 코꼬데스까

미츠코시 백화점은 어느 출구입니까?
三越デパートは どの 出口ですか。
미쯔꼬시 데빠-또와 도노 데구찌데스까

동문(서문/북문/남문)은 어디입니까?
東口(西口/北口/南口)は どこですか。
히가시구찌(니시구찌/키따구찌/미나미구찌)와 도꼬데스까

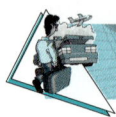

고속버스를 이용할 때

mp3 Chapter06-05

고속버스 터미널은 어디입니까?
高速バス ターミナルは どこですか。
코-소꾸바스 타-미나루와 도꼬데스까

버스 시간표는 어디 붙어 있습니까?
バスの 時間表は どこに はって ありますか。
바스노 지깐효-와 도꼬니 핫떼 아리마스까

교토행 버스는 어디서 탑니까?
京都行きの バスは どこで 乗るのですか。
교-또유끼노 바스와 도꼬데 노루노데스까

표 파는 곳은 어디입니까?
切符売り場は どこですか。
킵뿌우리바와 도꼬데스까

승차권을 전화로 예약할 수 있습니까?
切符を 電話で 予約できますか。
킵뿌오 뎅와데 요야꾸 데끼마스까

요금은 얼마입니까?
料金は いくらですか。
료-낑와 이꾸라데스까

오사카까지 몇 시간 걸립니까?
大阪まで 何時間 かかりますか。
오-사까마데 난지깡 카까리마스까

몇 시에 출발합니까?
何時に 出発しますか。
난지니 슙빠쯔시마스까

교토까지 편도 1장 주세요.
京都まで 片道 1枚 ください。
쿄-또마데 카따미찌 이찌마이 쿠다사이

여기서 몇 분 정도 정차합니까?
ここで 何分くらい 止まりますか。
코꼬데 남뿐쿠라이 토마리마스까

열차를 이용할 때

mp3 Chapter06-06

안내소(표 파는 곳)는 어디입니까?
案内所(切符売り場)は どこですか。
안나이죠(킵뿌우리바)와 도꼬데스까

당일표 판매 창구는 어디입니까?
当日 売りの 窓口は どこですか。
토-지쯔 우리노 마도구찌와 도꼬데스까

오사카까지 가장 빠른(싼) 것은 무엇입니까?
大阪まで 一番 早い(安い)のは 何ですか。
오-사까마데 이찌방 하야이(야스이)노와 난데스까

2시 10분 열차의 좌석을 부탁합니다.
2時10分の 座席を お願いします。
니지 줍뿡노 자세끼오 오네가이시마스

1등석(자유석) 한 장 주십시오.
グリーン(自由)席 一枚 ください。
구리인(지유-)세끼 이찌마이 쿠다사이

아사쿠사까지 얼마입니까?
浅草まで いくらですか。
아사꾸사마데 이꾸라데스까

오사카까지 편도(왕복) 1장 주세요.
大阪まで 片道(往復) 一枚 ください。
오-사까마데 카따미찌(오-후꾸) 이찌마이 쿠다사이

고베행 막차(첫차)는 몇 시입니까?
神戸行きの 最終(始発)は 何時ですか。
코-베유끼노 사이슈-(시하쯔)와 난지데스까

이 자리 비어 있습니까?
この 席 空いてますか。
코노 세끼 아이떼 마스까

다음(이) 역은 어디입니까?
次(こ)の 駅は どこですか。
츠기(코)노 에끼와 도꼬데스까

렌터카를 이용할 때

mp3 Chapter06-07

렌터카는 어디에서 빌릴 수 있습니까?
レンタカーは どこで 借りられますか。
렌타카-와 도꼬데 카리라레마스까

차를 빌리고 싶습니다.
車を 借りたいのですが。
쿠루마오 카리따이노데스가

오토매틱 차를 부탁합니다.
オートマチックの車を お願いします。
오-또마찍꾸노 쿠루마오 오네가이시마스

소형차(4륜구동차)를 부탁합니다.
小型車(4輪駆動車)を お願いします。
고카따샤(욘린쿠도-샤)오 오네가이시마스

요금표를 보여 주시겠습니까?
料金表を 見せて くれませんか。
료-낑효-오 미세떼 쿠레마셍까

하루(일주일) 얼마입니까?
一日(一週間) いくらですか。
이찌니찌(잇슈-깡) 이꾸라데스까

보험료도 포함되어 있습니까?
保険料も 含まれて いますか。
호껭료-모 후꾸마레떼 이마스까

몇 시까지 차를 반환하면 됩니까?
何時までに 車を 返せば いいですか。
난지마데니 쿠루마오 카에세바 이-데스까

교토에서 차를 반환해도 됩니까?
京都で 車を 返しても いいですか。
쿄-또데 쿠루마오 카에시떼모 이-데스까

(주유소에서) 가득 넣어 주세요.
満タンに して ください。
만탕니 시떼 쿠다사이

비행기를 이용할 때

mp3 Chapter06-08

비행기 예약을 하고 싶은데요.
飛行機の 予約を お願いします。
히꼬-끼노 요야꾸오 오네가이시마스

4월 1일, 오사카행 비행편을 부탁합니다.
4月1日の 大阪行きの 便を お願いします。
시가쯔 츠이따찌노 오-사까유끼노 빙오 오네가이시마스

오늘(내일) 센다이행 비행편은 있습니까?
今日(明日) 仙台行きの 便が ありますか。
쿄- (아시따) 센다이유끼노 빙가 아리마스까

운임은 얼마입니까?
運賃は いくらですか。
운찡와 이꾸라데스까

일반석으로 부탁합니다.
エコノミークラス お願いします。
에꼬노미-쿠라스 오네가이시마스

창문(통로)쪽 자리를 부탁합니다.
窓(通路)側の 席 お願いします。

마도(츠-로)가와노 세끼 오네가이시마스

탑승구는 몇 번입니까?
搭乗口は 何番ですか。

토-죠-구찌와 남방데스까

도착(출발) 시간은 몇 시입니까?
到着(出発)時間は 何時ですか。

토-쨔꾸(슙빠쯔) 지깡와 난지데스까

화물 찾는 곳은 어디입니까?
荷物引き渡し所は どこですか。

니모쯔 히끼와따시죠와 도꼬데스까

내 비행편 예약을 재확인하고 싶은데요.
私の 飛行機の 再確認を したいんですが。

와따시노 히꼬-끼노 사이까꾸닝오 시따인데스가

Chapter 7

관 광

1. 관광안내소에서
2. 길을 물을 때
3. 관광버스를 이용할 때
4. 관광지에서·사진 찍을 때
5. 박물관·미술관에서
6. 연극·영화 볼 때
7. 경기관전·스포츠 즐기기

간단한 한마디

○○○에 가고 싶습니다.

놀이공원	遊園地	유-엔찌
영화관	映画館	에-가깡
박물관	博物館	하꾸부쯔깡

に 行きたいです。
니 이끼따이데스

○○○을 보고 싶은데요.

성	お城	오시로
축제	祭	마쯔리
가부키	歌舞伎	카부끼

を 見たいのですが。
오 미따이노데스가

관광안내소에서

관광 안내소는 어디 입니까?
観光案内所は どこですか。
캉꼬- 안나이죠와 도꼬데스까

시내 지도 있습니까?
市内の 地図は ありますか。
시나이노 치즈와 아리마스까

이 근처의 볼만한 곳은 무엇입니까?
この 町の 見所は 何でしょうか。
코노 마찌노 미도꼬로와 난데쇼-까

후지산(축제)을 보러 가고 싶은데요.
富士山(お祭)を 見に いきたいんですが。
후지상(오마쯔리)오 미니 이끼따인데스가

수족관은 오늘 엽니까?
水族館は 今日 開いて いますか。
스이조꾸깡와 쿄- 아이떼 이마스까

스모는 어디에 가면 볼 수 있습니까?
相撲は どこへ 行ったら 観戦できますか。
스모-와 도꼬에 잇따라 칸셍 데끼마스까

가장 인기있는 투어는 어느 것입니까?
一番 人気の ある ツアーは どれですか。
이찌방 닝끼노 아루 츠아-와 도레데스까

1일 투어는 있습니까?
1日の ツアーは ありますか。
이찌니찌노 츠아-와 아리마스까

여기서 표를 살 수 있습니까?
ここで チケットが 買えますか。
코꼬데 치켓토가 카에마스까

그곳에 어떻게 갑니까?
そこへは どうやって 行くのですか。
소꼬에와 도-얏떼 이꾸노데스까

 # 길을 물을 때

길을 잃었습니다.
道に まよって しまいました。
미찌니 마욧떼 시마이마시따

○○호텔로 가는 방법을 알려 주세요.
○○ホテルへ 行く 方法を 教えて ください。
~호떼루에 이꾸 호-호-오 오시에떼 쿠다사이

이 거리의 이름은 무엇입니까?
ここは 何通りと いうのですか。
코꼬와 나니도-리또 이우노데스까

역은 어느 쪽입니까?
駅は どちらですか。
에끼와 도찌라데스까

무슨 표시가 있습니까?
何か 目印は ありますか。
나니까 메지루시와 아리마스까

그곳에 걸어서 갈 수 있습니까?
そこへは 歩いて いけますか。
소꼬에와 아루이떼 이께마스까

그것은 오른쪽입니까, 왼쪽입니까?
それは 右側ですか、左側ですか。
소레와 미기가와데스까 히다리가와데스까

똑바로 가야 합니까?
まっすぐに 行くのですか。
맛스구니 이꾸노데스가

여기서 얼마나 걸립니까?
ここからは どのくらい かかりますか。
코꼬까라와 도노쿠라이 카까리마스까

지도를 그려 주실 수 있습니까?
地図を 書いて もらえますか。
치즈오 카이떼 모라에마스까

관광버스를 이용할 때

mp3 Chapter07-03

반나절 관광에 참가하고 싶은데요.
半日ツアーに 参加したいのですが。
한지쯔 츠아-니 상까시따이노데스가

예약을 해야 합니까?
予約が 必要ですか。
요야꾸가 히쯔요-데스까

그 관광은 몇 시간 걸립니까?
その ツアーは 何時間 かかりますか。
소노 츠아-와 난지깡 카까리마스까

출발은 몇 시입니까?
出発は 何時ですか。
슙빠쯔와 난지데스까

몇 시에 돌아옵니까?
何時に 戻りますか。
난지니 모도리마스까

한국어 가이드가 딸려 있습니까?
韓国語の ガイドは 付きますか。
캉꼬구고노 가이도와 츠끼마스까

입장료는 포함되어 있습니까?
入場料は 含まれて いますか。
뉴-죠-료-와 후꾸마레떼 이마스까

식사가 딸려 있습니까?
食事は 付いて いますか。
쇼꾸지와 츠이떼 이마스까

쇼핑할 시간은 있습니까?
買い物 する 時間は ありますか。
카이모노 스루 지깡와 아리마스까

다른 관광은 있습니까?
別の ツアーは ありますか。
베쯔노 츠아-와 아리마스까

관광지에서·사진 찍을 때

mp3 Chapter07-04

표는 어디서 살 수 있습니까?
チケットは どこで 買えますか。
치켓또와 도꼬데 카에마스까

어른 2장(학생 1장) 주세요.
大人 2枚(学生 1枚) ください。
오또나 니마이(각세- 이지마이) 쿠다사이

재입관 할 수 있습니까?
再入館 できますか。
자이뉴-깡 데끼마스까

기념품을 살 수 있는 곳 있습니까?
お土産を 買える ところ ありますか。
오미야게오 카에루 토꼬로 아리마스까

무료 팜플렛은 있습니까?
無料の パンフレットは ありますか。
무료-노 팡후렛또와 아리마스까

여기서 사진을 찍어도 됩니까?
　ここで 写真を 撮っても いいですか。
코꼬데 샤싱오 톳떼모 이-데스까

비디오 촬영을 해도 됩니까?
　ビデオ撮影 しても いいですか。
비데오사쯔에- 시떼모 이-데스까

우리 사진을 찍어 주시겠습니까?
　私たちの 写真を 撮って もらえますか。
와따시따찌노 샤싱오 톳떼 모라에마스까

저 호수를 넣어 찍어 주세요.
　あの 湖を 入れて 写して ください。
아노 미즈우미오 이레떼 우쯔시떼 쿠다사이

한 장 더 부탁합니다.
　もう 1枚 お願いします。
모- 이찌마이 오네가이시마스

박물관·미술관에서

mp3 Chapter07-05

도쿄 국립미술관은 어디 있습니까?
東京 国立美術館は どこに ありますか。
토-꾜- 코꾸리쯔비쥬쯔깡와 도꼬니 아리마스까

입장료는 얼마입니까?
入場料は いくらですか。
뉴-죠-료-와 이꾸라데스까

미술관은 몇 시에 엽니까?
何時に 美術館は 開きますか。
난지니 비쥬쯔깡와 아끼마스까

박물관의 지도는 있습니까?
博物館の 地図は ありますか。
하꾸부쯔깡노 치즈와 아리마스까

한국어 이어폰 서비스는 있습니까?
韓国語の イヤホンサービスは ありますか。
캉꼬꾸고노 이야홍사-비스와 아리마스까

142

여기서 입장권을 살 수 있습니까?
ここで 入場券が 買えますか。
코꼬데 뉴-죠-껭가 카에마스까

어린이(학생) 할인이 있습니까?
子供(学生) 割引が ありますか。
코도모(각세-) 와리비끼가 아리마스까

안내서는 있습니까?
パンフレットは ありますか。
팡후렛또와 아리마스까

이것은 누구 작품입니까?
これは だれの 作品ですか。
코레와 다레노 사꾸힝데스까

이 전시는 언제까지 합니까?
この 展示は いつまで やって いますか。
코노 텐지와 이쯔마데 얏떼 이마스까

연극·영화 볼 때

어디에서 연극 안내를 받을 수 있습니까?
どこで 芝居の 情報が 入手できますか。
도꼬데 시바이노 죠-호-가 뉴-슈데끼마스까

지금 무엇을 하고 있습니까?
今、何を やって いますか。
이마 나니오 얏떼 이마스까

분라꾸(가부끼/노)를 보고 싶은데요.
文楽(歌舞伎 / 能)が 見たいんですが。
분라꾸(카부끼/노-)가 미따인데스가

오늘 밤 좌석은 아직 있습니까?
今晩の 席は まだ ありますか。
콤반노 세끼와 마다 아리마스까

몇 시에 시작합니까(끝납니까)?
何時に 開演(終演)ですか。
난지니 카이엥(슈-엥)데스까

영화를 보고 싶은데요.
映画が 見たいんですが。
에-가가 미따인데스가

근처에 영화관이 있습니까?
この へんに 映画館が ありますか。
코노 헹니 에-가깡가 아리마스까

가장 인기있는 영화는 무엇입니까?
一番 人気の 映画は 何ですか。
이찌방 닝끼노 에-가와 난데스까

다음 상영은 몇 시부터입니까?
次の 上映は 何時からですか。
츠기노 죠-에-와 난지까라데스까

언제까지 상영합니까?
いつまで 上映して いますか。
이쯔마데 죠-에-시떼 이마스까

경기 관전·스포츠 즐기기

mp3 Chapter07-07

오늘 프로야구 경기가 있습니까?
今日 プロ野球の 試合は ありますか。
쿄- 프로야뀨-노 시아이와 아리마스까

입장권은 어디에서 살 수 있습니까?
入場券は どこで 買えますか。
뉴-죠-껭와 도꼬데 카에마스까

몇 시 경기입니까?
何時の 試合ですか。
난지노 시아이데스까

어디서 경기합니까?
どこで 行われますか。
도꼬데 오꼬나와레마스까

경기장은 몇 시부터 입장할 수 있습니까?
競技場へは 何時から 入れますか。
쿄-기죠-에와 난지까라 하이레마스까

스키 1일 강습소가 있습니까?
スキーの 一日 スクールは ありますか。
스끼-노 이찌니찌 스꾸-루와 아리마스까

골프 예약을 부탁합니다.
ゴルフの 予約を お願いします。
고루후노 요야꾸오 오네가이시마스

장비를 빌릴 수 있습니까?
道具を 借りられますか。
도-구오 카리라레마스까

하루 얼마입니까?
1日 いくらですか。
이찌니찌 이꾸라데스까

그외 추가비용이 있습니까?
その他に 費用が かかりますか。
소노 호까니 히요-가 카까리마스까

Chapter 8

쇼핑

1. 매장·상점을 찾을 때
2. 쇼핑할 때의 기본 표현
3. 색·디자인·소재를 말할 때
4. 사이즈를 말할 때
5. 흥정할 때·반품, 환불할 때
6. 포장·배송을 부탁할 때
7. 계산할 때

간단한 한마디

가장 가까운 ㅇㅇㅇ은 어디입니까?

いちばん 近い
이찌방　　　치까이

백화점	デパート	데파-토
디스카운트숍	安売り店	야스우리뗑
선물가게	おみやげ店	오미야게뗑

は どこですか。
와　　도꼬데스까

ㅇㅇㅇ을 주세요.

건전지	電池	덴찌
우산	傘	카사
칫솔	歯ブラシ	하브라시

を ください。
오　　쿠다사이

매장·상점을 찾을 때

유명한 백화점은 어디입니까?
有名な デパートは どこですか。
유-메-나 데빠-또와 도꼬데스까

어디에서 전자제품을 싸게 살 수 있습니까?
どこで 電子製品が 安く 買えますか。
도꼬데 덴시세이힝가 야스꾸 카에마스까

가장 가까운 카메라점은 어디입니까?
いちばん 近い カメラ屋は どこですか。
이찌방 치까이 카메라야와 도꼬데스까

기념품은 어디에서 살 수 있습니까?
おみやげは どこで 買えますか。
오미야게와 도꼬데 카에마스까

면세점은 있습니까?
免税店は ありますか。
멘제-뗑와 아리마스까

이 근처의 슈퍼마켓을 가르쳐 주세요.
　この 近くの スーパーを 教えて ください。
　코노 치까꾸노 스-파-오 오시에떼 쿠다사이

부엌용품은 어느 통로에 있습니까?
　台所用品は どの 通路に ありますか。
　다이도꼬로요-힝와 도노 츠-로니 아리마스까

일본풍의 선물을 찾고 있습니다.
　日本ふうの おみやげを 探して います。
　니홍후-노 오미야게오 사가시떼 이마스

몇 시에 개점(폐점)합니까?
　何時に 開店(閉店)しますか。
　난지니 카이뗑(헤-뗑)시마스까

정기휴일은 언제입니까?
　定休日は いつですか。
　테-뀨-비와 이쯔데스까

쇼핑할 때의 기본 표현

mp3 Chapter08-02

이것(저것)을 보여 주세요.
これ(あれ)を 見せて ください。
코레(아레)오 미세떼 쿠다사이

입어봐도 됩니까?
試着しても いいですか。
시챠꾸시떼모 이-데스까

만져봐도 됩니까?
手に 取って みても いいですか。
테니 톳떼 미떼모 이-데스까

얼마입니까?
おいくらですか。
오이꾸라데스까

이것(저것)을 주세요.
これ(あれ)を ください。
코레(아레)오 쿠다사이

다른 디자인은 있습니까?
違う 形の ものは ありますか。
치가우 카따찌노 모노와 아리마스까

입어보는 곳은 어디입니까?
試着室は どこですか。
시챠꾸시쯔와 도꼬데스까

소재는 무엇입니까?
素材は 何ですか。
소자이와 난데스까

어떤 브랜드가 좋습니까?
どの ブランドが いいですか。
도노 브란도가 이-데스까

단지 둘러 보고 있을 뿐입니다.
ちょっと 見て いるだけです。
춋또 미떼 이루다께데스

색·디자인·소재를 말할 때

mp3 Chapter08-03

다른 색은 없습니까?
他の 色は ありませんか。
호까노 이로와 아리마셍까

파란 색은 있습니까?
青い 色のは ありますか。
아오이 이로노와 아리마스까

다른 모델 있습니까?
他の 型は ありますか。
호까노카따와 아리마스까

어떤 디자인이 유행입니까?
どんな デザインが 流行して いますか。
돈나 데자잉가 류-꼬시떼 이마스까

다른 디자인도 보여 주시겠어요?
他の デザインも 見せて いただけますか。
호까노 데자잉모 미세떼 이따다께마스까

순은으로 만든 겁니까?
純銀で できて いるのですか。
중깅데 데끼떼 이루노데스까

물세탁해도 괜찮습니까?
水洗い しても 大丈夫ですか。
미즈아라이 시떼모 다이죠-부데스까

무슨 가죽입니까?
何の 革ですか。
난노 카와데스까

이것은 일본제품입니까?
これは 日本製ですか。
코레와 니혼세-데스까

신제품을 보여 주세요.
新製品を 見せて ください。
신세-힝오 미세떼 쿠다사이

사이즈를 말할 때

mp3 Chapter08-04

제 사이즈는 잘 모릅니다.
私の サイズは よく わかりません。
와따시노 사이즈와 요꾸 와까리마셍

사이즈는 한국과 같습니까?
サイズは 韓国と 同じですか。
사이즈와 캉꼬꾸또 오나지데스까

사이즈를 재 주시겠습니까?
私の サイズを 計って いただけますか。
와따시노 사이즈오 하깟떼 이따다께마스까

너무 큽니다. / 좀 낍니다.
大きすぎます。/ ちょっと きついです。
오-끼스기마스   촛또 키쯔이데스

너무 짧습니다(깁니다).
短か(長)すぎます。
미지까(나가)스기마스

좀더 작은 것 있습니까?
もう 少し、小さいのが ありますか。
모- 스꼬시 치이사이노가 아리마스까

더 큰 것을 찾고 있습니다.
もっと 大きいのが ほしいんです。
못또 오-끼-노가 호시인데스

이것이 제일 작은 사이즈입니까?
これが 一番 小さい サイズですか。
코레가 이찌방 치이사이 사이즈데스까

이 사이즈로 다른 것을 보여 주세요.
この サイズで 何か 見せて ください。
코노 사이즈데 나니까 미세떼 쿠다사이

기장을 고쳐 주시겠습니까?
丈を なおして くれますか。
타께오 나오시떼 쿠레마스까

흥정할 때·반품, 환불할 때

mp3 Chapter08-05

너무 비쌉니다.
高すぎます。
타까스기마스

좀 깎아 주시겠어요?
もう 少し まけて くれませんか。
모- 스꼬시 마께떼 쿠레마셍까

싸게 해 주면 사겠습니다.
安く して くれれば 買います。
야스꾸 시떼 쿠레레바 카이마스

5개 살 건데, 깎아 줄 수 없습니까?
5つ 買うので、安く して くれませんか。
이쯔쯔 카우노데 야스꾸 시떼 쿠레마셍까

현금으로 내면 싸게 됩니까?
現金払い なら 安く なりますか。
겡낑하라이나라 야쓰꾸 나리마스까

이것을 어제 여기서 샀습니다.
これは 昨日 ここで 買いました。

코레와 키노-코꼬데 카이마시따

이 유리가 깨져 있습니다.
この グラスが 壊れて います。

코노 구라스가 코와레떼 이마스

교환해 주시겠습니까?
取り替えて いただけますか。

토리까에떼 이따다께마스까

반품하고 싶은데요.
返品して いただきたいのですが。

헴삥시떼 이따다끼따이노데스가

환불해 주시겠어요?
払い戻して もらえますか。

하라이모도시떼 모라에마스까

포장·배송을 부탁할 때

mp3 Chapter08-06

봉지 좀 주시겠습니까?
袋を いただけますか。
후꾸로오 이따다께마스까

선물용으로 포장해 주세요.
プレゼント用に 包んで ください。
푸레젠또요-니 츠쯘데 쿠다사이

따로따로 포장해 줄 수 있습니까?
別々に 包んで もらえますか。
베쯔베쯔니 츠쯘데 모라에마스까

같이 포장해 주세요.
まとめて 包んで ください。
마또메떼 츠쯘데 쿠다사이

물건 갯수만큼 봉지를 주세요.
品物の 数だけ 袋を ください。
시나모노노 카즈다께 후꾸로오 쿠다사이

한국으로 보내 줄 수 있습니까?
韓国へ 送って もらえますか。
캉꼬꾸에 오꿋떼 모라에마스까

이 주소로 보내 주세요.
この 住所に 送って ください。
코노 쥬-쇼니 오꿋떼 쿠다사이

송료는 얼마입니까?
送料は いくらですか。
소-료-와 이꾸라데스까

항공편(배편)으로 며칠 걸립니까?
航空便(船便)で 何日くらい かかりますか。
코-구-빙(후나빙)데 난니찌꾸라이 카까리마스까

항공편으로 얼마나 듭니까?
航空便で いくらですか。
코-구-빙데 이꾸라데스까

계산할 때

계산은 어디서 합니까?
会計は どこですか。
카이께-와 도꼬데스까

전부 해서 얼마입니까?
全部で いくらですか。
젬부데 이꾸라데스까

할인해 줄 수 있습니까?
まけて もらえませんか。
마께떼 모라에마셍까

이 신용카드로 지불할 수 있습니까?
この カードで 支払えますか。
코노 카-도데 시하라에마스까

여행자수표도 됩니까?
トラベラーズチェックで いいですか。
토라베라-즈첵꾸데 이-데스까

이 가격은 세금 포함입니까?
この 値段は 税込みですか。

코노 네당와 제-꼬미데스까

면세로 살 수 있습니까?
免税で 買えますか。

멘제-데 카에마스까

면세절차를 가르쳐 주세요.
免税の 手続きを 教えて ください。

멘제-노 테쯔즈끼오 오시에떼 쿠다사이

거스름돈이 부족합니다.
おつりが たりません。

오쯔리가 타리마셍

영수증을 주세요.
領収書を ください。

료-슈-쇼오 쿠다사이

Chapter 9

문제해결

1. 분실
2. 도난
3. 몸이 아플 때
4. 증상을 설명할 때
5. 약국에서

간단한 한마디

제 ○○○을 도둑 맞았습니다.

私の
와따시노

지갑	財布	사이후
핸드백	ハンドバッグ	한도박구
짐	荷物	니모쯔

が 盗まれました。
가 누스마레마시따

○○○은 어디입니까?

병원	病院	보-잉
약국	薬局	약꾜꾸
경찰서	警察署	케-사쯔쇼

は どこですか。
와 도꼬데스까

분실

mp3 Chapter09-01

가방(여권)을 잃어버렸습니다.
バッグ(パスポート)を 紛失しました。
박구(파스포-토)오 분시쯔시마시따

여기서 가방 못 보셨습니까?
ここで かばんを 見ませんでしたか。
코꼬데 카방오 미마셍데시따까

당신 가게에 지갑을 두고 왔는데요.
そちらの 店に 財布を 忘れたんですが。
소찌라노 미세니 사이후오 와스레딴데스가

이 만한 크기이고 색은 녹색입니다.
これ ぐらいの 大きさで、色は 緑です。
코레 구라이노 오-끼사데 이로와 미도리데스

돈(짐)을 잃어 버렸습니다.
お金(荷物)を なくしました。
오까네(니모쯔)오 나꾸시마시따

어디에서 잃어버렸는지 기억이 없습니다.
どこで なくしたか、覚えて いません。
도꼬데 나꾸시따까 오보에떼 이마셍

일행을 잃어버렸습니다.
グループから はぐれました。
구루-뿌까라 하구레마시따

아내(남편/아이)를 잃어버렸습니다.
家内(主人/子供)と はぐれました。
카나이(슈징/코도모)또 하구레마시따

한국어를 할 수 있는 사람은 있습니까?
韓国語の 話せる 人は いますか。
캉꼬꾸고노 하나세루 히또와 이마스까

찾으면 전화해 주시겠습니까?
見つかったら、電話して くださいますか。
미쯔깟따라 뎅와시떼 쿠다사이마스까

도난

mp3 Chapter09-02

도와 주세요!
助けて ください!
타스께떼 쿠다사이

경찰서는 어디입니까?
警察署は どこですか。
케-사쯔쇼와 도꼬데스까

소매치기 당했습니다.
スリに あいました。
스리니 아이마시따

가방을 도난당했습니다.
私の バッグが 盗まれました。
와따시노 박구가 누스마레마시따

신용카드가 들어 있습니다.
クレジット カードが 入って います。
쿠레짓토 카-도가 하잇떼 이마스

카드 사용을 중지시켜 주세요.
カードの 使用を 止めて ください。
카-도노 시요-오 토메떼 쿠다사이

재발행 받을 수 있습니까?
再発行して もらえますか。
사이학꼬-시떼 모라에마스까

통역이 필요합니다.
通訳が 要ります。
츠-야꾸가 이리마스

빨리 경찰을 불러 주세요!
すぐ 警察を 呼んで ください!
스구 케-사쯔오 욘데 쿠다사이

한국대사관에 전화해 주세요.
韓国 大使館に 電話して ください。
캉꼬꾸 타이시깡니 뎅와시떼 쿠다사이

몸이 아플 때

몸이 좋지 않습니다.
気分が 悪いんです。
키붕가 와루인데스

환자가 있습니다.
病人が います。
뵤-닝가 이마스

이 근처가 아픕니다.
この あたりが 痛いです。
코노 아따리가 이따이데스

발을 다쳐서 혼자서 걸을 수 없습니다.
足を けがして、1人で 歩けないのです。
아시오 케가시떼 히또리데 아루께나이노데스

계단에서 넘어졌습니다.
階段から 落ちました。
카이당까라 오찌마시따

발목을 삔 것 같습니다.
足首を くじいたようです。
아시꾸비오 쿠지이따요-데스

고열이 있고 두통이 납니다.
高熱が あり、頭痛が します。
코-네쯔가 아리 즈쯔-가 시마스

가장 가까운 응급병원은 어디입니까?
いちばん 近い 救急病院は どこですか。
이찌방 치까이 큐-뀨-뵤-잉와 도꼬데스까

빨리 구급차를 불러 주십시오!
すぐ 救急車を 呼んで ください!
스구 큐-뀨-샤오 욘데 쿠다사이

의사를 불러 주시겠습니까?
医者を 呼んで くださいますか。
이샤오 욘데 쿠다사이마스까

증상을 설명할 때

mp3 Chapter09-04

배(머리)가 아픕니다.
おなか(頭)が 痛いんです。
오나까(아따마)가 이따인데스

열이 있고 기침이 납니다.
熱が あり、せきが 出ます。
네쯔가 아리 세끼가 데마스

목(허리)이 아픕니다.
のど(腰)が 痛みます。
노도(고시)가 이따미마스

현기증(오한)이 납니다.
めまい(寒気)が します。
메마이(사무께)가 시마스

몸 전체가 가렵습니다.
からだ 全体が かゆいのです。
카라다 젠따이가 카유이노데스

위에 심한 통증이 있습니다.
　胃に 激しい 痛みが あります。
이니 하게시- 이따미가 아리마스

토할 것 같습니다.
　吐きそうです。
하끼소-데스

유리 조각이 발에 박혔습니다.
　ガラスの 破片が 足に 刺さって います。
가라스노 하헹가 아시니 사삿떼 이마스

제 혈액형은 O입니다.
　私の 血液型は ○です。
와따시노 케쯔에끼가따와 ~데스

피가 납니다.
　血が 出ます。
치가 데마스

약국에서

이 근처에 약국이 있습니까?
　この 近くに 薬局は ありますか。
　코노 치까꾸니 약꾜꾸와 아리마스까

치통에 잘 듣는 약이 있습니까?
　歯痛に よく 効く 薬は ありますか。
　시쯔-니 요꾸 키꾸 쿠스리와 아리마스까

아스피린을 주십시오.
　アスピリンを ください。
　아스삐링오 쿠다사이

위장약을 주십시오.
　胃薬を ください。
　이구스리오 쿠다사이

식전(식후)에 먹습니까?
　食前(食後)に 飲むんですか。
　쇼꾸젱(쇼꾸고)니 노문데스까

처방전 없이 살 수 있습니까?
処方箋なしで 買えますか。

쇼호-센나시데 카에마스까

약을 조제해 주시겠습니까?
薬を 調合して くださいますか。

쿠스리오 쵸-고-시떼 쿠다사이마스까

어떻게 복용하면 좋습니까?
どう やって 飲めば いいですか。

도- 얏떼 노메바 이-데스까

한번에 몇 정 먹으면 됩니까?
1回に 何錠 飲んだら いいのですか。

익까이니 난죠- 논다라 이-노데스까

부작용은 있습니까?
副作用は ありますか。

후꾸사요-와 아리마스까

Chapter 10

귀국

1. 호텔을 체크아웃 할 때
2. 호텔에서 공항으로
3. 탑승·출국할 때

간단한 한마디

예약 재확인을 부탁합니다.

予約の 再確認を お願いします。
요야꾸노   사이까꾸닝오   오네가이시마스

공항세를 내야 합니까?

空港税は 必要ですか。
쿠-꼬-제-와   히쯔요-데스까

호텔을 체크아웃 할 때

잠시 후 체크아웃하겠습니다.
まもなく、チェックアウトを します。
마모나꾸 첵꾸아우또오 시마스

체크아웃하고 싶은데요.
チェックアウトを したいんですが。
첵꾸아우또오 시따인데스가

짐 좀 가지러 누가 와 주시겠습니까?
誰か 荷物を 取りに 来て くれませんか。
다레까 니모쯔오 토리니 키떼 쿠레마셍까

맡겼던 귀중품을 주시겠습니까?
預けて いた 貴重品を いただけますか。
아즈께떼 이따 키쪼-힝오 이따다께마스까

공항까지 버스 서비스는 있습니까?
空港まで バスの サービスは ありますか。
쿠-꼬-마데 바스노 사-비스와 아리마스까

택시를 불러 줄 수 있습니까?
  タクシーを 呼んで もらえますか。
  타꾸시-오 욘데 모라에마스까

포터를 불러 주세요.
  ポーターを よこして ください。
  포-따-오 요꼬시떼 쿠다사이

어디에서 상자를 구할 수 있습니까?
  どこで 箱が 手に 入りますか。
  도꼬데 하꼬가 테니 하이리마스까

소포를 부쳐야 합니다.
  小包を 送らなければ なりません。
  코즈쯔미오 오꾸라나께레바 나리마셍

이 요금은 무엇입니까?
  この 料金は 何ですか。
  코노 료-낑와 난데스까

호텔에서 공항으로

mp3 Chapter10-02

공항에 가는 좋은 방법을 가르쳐 주세요
空港に 行く いい 方法を 教えて ください。
쿠-꼬-니 이꾸 이- 호-호-오 오시에떼 쿠다사이

아침 6시에 공항에 도착해야 합니다.
朝 6時に 空港に 着かなければ なりません。
아사 로꾸지니 쿠-꼬-니 츠까나께레바 나리마셍

내일 출발하겠습니다.
明日 出発します。
아시따 슙빠쯔 시마스

택시타는 곳은 어디입니까?
タクシー乗り場は どこですか。
타쿠시- 노리바와 도꼬데스까

공항까지 얼마입니까?
空港まで いくらですか。
쿠-꼬-마데 이꾸라데스까

공항버스가 이곳에 섭니까?
空港バスが ここに 止まりますか。
쿠-꼬-바스가 코꼬니 토마리마스까

어떻게 예약을 하면 됩니까?
予約は どの ように したら いいですか。
요야꾸와 도노 요-니 시따라 이-데스까

전화해서 예약을 해 주시겠습니까?
電話して、予約を して いただけますか。
뎅와시떼 요야꾸오 시떼 이따다께마스까

몇 시에 출발합니까?
何時に 出発しますか。
난지니 슙빠쯔시마스까

얼마나 걸립니까?
どの くらい かかりますか。
도노 쿠라이 카까리마스까

탑승·출국할 때

mp3 Chapter10-03

대한항공 카운터는 어디입니까?
大韓航空の カウンターは どこですか。
다이깐꼬-꾸-노 카운타-와 도꼬데스까

금연(흡연)석으로 주세요.
禁煙(喫煙)席に して ください。
킹엥(키쯔엥)세끼니 시떼 쿠다사이

창측(통로측)으로 주세요.
窓側(通路側)に して ください。
마도가와(츠-로가와)니 시떼 쿠다사이

제 아내와 같이 앉을 수 있는 자리로 해 주세요.
妻と 隣り合わせの 席に して ください。
츠마또 토나리아와세노 세끼니 시떼 쿠다사이

출국카드가 필요합니까?
出国カードは 必要ですか。
슙꼬꾸카-도와 히쯔요-데스까

출국카드는 어디서 받을 수 있습니까?
出国カードは どこで もらえますか。
슛꼬꾸카-도와 도꼬데 모라에마스까

이것을 기내에 가지고 들어갈 수 있습니까?
これを 機内に 持ち込めますか。
코레오 키나이니 모찌꼬메마스까

짐은 전부 2개입니다.
荷物は 全部で 2つです。
니모쯔와 젠부데 후따쯔데스

와인은 몇 병까지 면세입니까?
ワインは 何本まで 免税ですか。
와잉와 남봉마데 멘제-데스까

가방 안에는 옷과 기념품이 있습니다.
バックの 中は 着替えと おみやげ品です。
박꾸노 나까와 키까에또 오미야게힝데스

모르는 말 찾기

Wordbook

한 마디 단어로도
최소한의 의사를 전달할 수 있습니다.
모르는 말을 쉽게 찾아 볼 수 있도록
우리말 사전 순서에 따라
상황별로 요긴하게 쓸 수 있는
일본어 단어를 수록했습니다.

모르는 말 찾기

Wordbook 1
출발·도착

간단한 한마디

~가는 비행편은 있습니까?

도쿄	東京	토-꾜-
삿보로	札幌	삽뽀로
오사카	大阪	오-사까

行きの 便は ありますか。
유끼노   빙와   아리마스까

~은 어디 입니까?

화장실	トイレ	토이레
버스 정류장	バス停	바스데-
역	駅	에끼

は どこですか。
와   도꼬데스까

모르는 말 찾기 (날짜 읽기)

날짜

1日	ついたち	츠이따찌
2日	ふつか	후쯔까
3日	みっか	믹까
4日	よっか	욕까
5日	いつか	이쯔까
6日	むいか	무이까
7日	なのか	나노까
8日	ようか	요-까
9日	ここのか	코꼬노까
10日	とおか	토-까
11日	じゅういちにち	쥬-이찌니찌
12日	じゅうににち	쥬-니니찌
13日	じゅうさんにち	쥬-산니찌
14日	じゅうよっか	쥬-욕까
15日	じゅうごにち	쥬-고니찌
16日	じゅうろくにち	쥬-로꾸니찌
17日	じゅうしちにち	쥬-시찌니찌

단어만 말해도 뜻은 통한다!

18日	じゅうはちにち	쥬-하찌니찌
19日	じゅうくにち	쥬-쿠니찌
20日	はつか	하쯔까
21日	にじゅういちにち	니쥬-이찌니찌
22日	にじゅうににち	니쥬-니니찌
23日	にじゅうさんにち	니쥬-산니찌
24日	にじゅうよっか	니쥬-욕까
25日	にじゅうごにち	니쥬-고니찌
26日	にじゅうろくにち	니쥬-로꾸니찌
27日	にじゅうしちにち	니쥬-시찌니찌
28日	にじゅうはちにち	니쥬-하찌니찌
29日	にじゅうくにち	니쥬-쿠니찌
30日	さんじゅうにち	산쥬-니찌
31일	さんじゅういちにち	산쥬-이찌니찌

출발·도착

모르는 말 찾기 (월·요일·계절 읽기)

월

1월	いちがつ	이찌가쯔
2월	にがつ	니가쯔
3월	さんがつ	상가쯔
4월	しがつ	시가쯔
5월	ごがつ	고가쯔
6월	ろくがつ	로꾸가쯔
7월	しちがつ	시찌가쯔
8월	はちがつ	하찌가쯔
9월	くがつ	쿠가쯔
10월	じゅうがつ	쥬-가쯔
11월	じゅういちがつ	쥬-이찌가쯔
12월	じゅうにがつ	쥬-니가쯔

단어만 말해도 뜻은 통한다!

요일

일요일	にちようび	니찌요-비
월요일	げつようび	게쯔요-비
화요일	かようび	카요-비
수요일	すいようび	스이요-비
목요일	もくようび	모꾸요-비
금요일	きんようぴ	킹요-비
토요일	どようび	도요-비

계절

봄	春	하루
여름	夏	나쯔
가을	秋	아끼
겨울	冬	후유

모르는 말 찾기(숫자 읽기)

숫자

하나	ひとつ	히또쯔
둘	ふたつ	후따쯔
셋	みっつ	밋쯔
넷	よっつ	욧쯔
다섯	いつつ	이쯔쯔
여섯	むっつ	뭇쯔
일곱	ななつ	나나쯔
여덟	やっつ	얏쯔
아홉	ここのつ	코꼬노쯔
열	とお	토-

한 번	一回	익까이
두 번	二回	니까이
세 번	三回	상까이

| 두 배 | 二倍 | 니바이 |
| 세 배 | 三倍 | 삼바이 |

 # 단어만 말해도 뜻은 통한다!

0	れい	레이
1	いち	이찌
2	に	니
3	さん	상
4	し / よ / よん	시/요/용
5	ご	고
6	ろく	로꾸
7	しち / なな	시찌/나나
8	はち	하찌
9	く / きゅう	쿠/큐-
10	じゅう	쥬-
11	じゅういち	쥬-이찌
12	じゅうに	쥬-니
13	じゅうさん	쥬-상
14	じゅうし / じゅうよん	쥬-시/쥬-용
15	じゅうご	쥬-고
16	じゅうろく	쥬-로꾸
17	じゅうしち/じゅうなな	쥬-시찌/쥬-나나

모르는 말 찾기 (숫자 읽기)

18	じゅうはち	쥬-하찌
19	じゅうきゅう/じゅうく	쥬큐-/쥬-쿠
20	にじゅう	니쥬-
30	さんじゅう	산쥬-
40	よんじゅう	욘쥬-
50	ごじゅう	고쥬-
60	ろくじゅう	로꾸쥬-
70	ななじゅう	나나쥬-
80	はちじゅう	하찌쥬-
90	きゅうじゅう	큐-쥬-
100	ひゃく	햐꾸
200	にひゃく	니햐꾸
300	さんびゃく	삼뱌꾸
400	よんひゃく	욘햐꾸
500	ごひゃく	고햐꾸
600	ろっぴゃく	롭뺘꾸
700	ななひゃく	나나햐꾸
800	はっぴゃく	합뺘꾸

단어만 말해도 뜻은 통한다!

900	きゅうひゃく	큐-햐꾸
1000	せん	센
2000	にせん	니센
3000	さんぜん	산젱
4000	よんせん	욘센
5000	ごせん	고센
6000	ろっせん	록센
7000	ななせん	나나센
8000	はっせん	핫센
9000	きゅうせん	큐-센
10000	いちまん	이찌망
백만	ひゃくまん	햐꾸망
몇 십	何十	난쥬-
몇 백	何百	남뱌꾸

 모르는 말 찾기 (여러가지 셈)

여러가지 셈

■ 사람... ○人

한 사람	ひとり	히또리
두 사람	ふたり	후따리
세 사람	三人	산닝
네 사람	四人	요닝

■ 동물... ○匹

한 마리	一匹	입삐끼
두 마리	二匹	니히끼
세 마리	三匹	삼비끼
네 마리	四匹	용히끼

■ 책... ○冊

한 권	一冊	잇사쓰
두 권	二冊	니사쓰
세 권	三冊	산사쓰
네 권	四冊	용사쓰

단어만 말해도 뜻은 통한다!

■ **상자...** ○箱

한 상자	一箱	히또하꼬
두 상자	二箱	후따하꼬
세 상자	三箱	삼바꼬
네 상자	四箱	욤바꼬

■ **옷감, 종이 등 얇은 것...** ○枚

한 장	一枚	이찌마이
두 장	二枚	니마이
세 장	三枚	삼마이
네 장	四枚	욤마이

■ **병, 연필, 막대 등 길다란 것...** ○本

한 병	一本	입뽕
두 병	二本	니홍
세 병	三本	삼봉
네 병	四本	용홍

모르는 말 찾기 (시간·때 읽기)

시간

1시	いちじ	이찌지
2시	にじ	니지
3시	さんじ	산지
4시	よじ	요지
5시	ごじ	고지
6시	ろくじ	로꾸지
7시	しちじ	시찌지
8시	はちじ	하찌지
9시	くじ	쿠지
10시	じゅうじ	쥬-지
11시	じゅういちじ	쥬-이찌지
12시	じゅうにじ	쥬-니지
3시 반	さんじはん	산지항
10시 5분	じゅうじごふん	쥬-지 고훙
1분	いっぷん	입뿡
10분	じゅっぷん	쥽뿡
20분	にじゅっぷん	니쥽뿡

단어만 말해도 뜻은 통한다!

1시간	いちじかん	이찌지깡
2시간	にじかん	니지깡
5시간	ごじかん	고지깡

때(1)

그저께	おととい	오또또이
어제	昨日	키노-
오늘	今日	쿄-
내일	明日	아시따
모레	あさって	아삿떼
오늘 아침	今朝	케사
오늘 오후	今日の午後	쿄-노 고고
오늘 저녁	今日の夕方	쿄-노 유-가따
오늘밤	今晩	콤방
주말	週末	슈-마쯔
평일	ウイークデー	위-꾸데-
경축일	祝日	슈꾸지쯔

모르는 말 찾기 (때·가족 읽기)

때(2)

다음 주	来週	라이슈-
지난 주	先週	센슈-
이번 주	今週	콘슈-
3주 전	三週間前	산슈-깐마에
올해	今年	코또시
내년	来年	라이넹
내후년	さらいねん	사라이넹
작년	去年	쿄넹
재작년	おととし	오또또시
이번 달	今月	콩게쯔
다음 달	来月	라이게쯔
지난 달	先月	셍게쯔
매년	毎年	마이또시
매일 밤	毎晩	마이방
매일	毎日	마이니찌
매주	毎週	마이슈-

단어만 말해도 뜻은 통한다!

가족

아버지	ちち / おとうさん	치찌 / 오또-상
어머니	はは / おかあさん	하하 / 오까-상
남편	夫	옷또
아내	妻	쯔마
아들	むすこ	무스꼬
딸	むすめ	무스메
형제	兄弟	쿄-다이
자매	姉妹	시마이
삼촌(작은 아버지)	おじ / おじさん	오지 / 오지상
숙모(고모, 이모)	おば / おばさん	오바 / 오바상
사촌	いとこ	이또꼬
할아버지	そふ / おじいさん	소후 / 오지-상
할머니	そぼ / おばあさん	소바 / 오바-상
손자	まご / おまごさん	마고 / 오마고상

모르는 말 찾기 (가수~내년)

가수	歌手	카슈
가을	秋	아끼
간호사	看護婦	캉고후
검역	檢疫	켕에끼
겨울	冬	후유
겨울방학	冬休み	후유야스미
계장	係長	카까리쵸-
계절	季節	키세쯔
공무원	公務員	코-무잉
공항	空港	쿠-꼬-
과세	課稅	카제-
과세품	課稅品	카제-힝
과장	課長	카쵸-
관광	觀光	캉꼬
교사	敎師	쿄-시
교수	敎授	쿄-쥬
구명동의	救命胴衣	큐-메-도-이
구토봉지	嘔吐袋	오-또부꾸로

단어만 말해도 뜻은 통한다!

국내선	国内線	코꾸나이센
국적	国籍	콕세끼
국제선	国際線	콕사이센
그저께	おととい	오또또이
금액	金額	킹가꾸
금연	禁煙	킹넹
금연석	禁煙席	킹엔세끼
금융업	金融業	킨유-교-
기내반입	機内持ちこみ	키나이모찌꼬미
기념일	記念日	키넴비
김치	キムチ	키무치
나라	国	쿠니
낚시	釣り	츠리
날씨	天気	텡끼
남	男	오또꼬
남동생	おとうと/おとうとさん	오또-또 / 오또-또상
남편	おっと, しゅじん/ごしゅじん	옷또, 슈징 / 고슈징
내년	来年	라이넹

출발·도착

모르는 말 찾기 (내일~물수건)

내일	あした	아시따
내후년	さらいねん	사라이넹
농업	農業	노-교-
누나(언니)	あね/おねえさん	아네 / 오네-상
눈	雪	유끼
다음 달	来月	라이게쯔
다음 주	来週	라이슈-
단기유학	短期留学	탕끼류-가꾸
단체여행	団体旅行	단따이료꼬-
담배	たばこ	타바꼬
담요	毛布	모-후
대표이사	代表取締役	다이효-토리시마리야꾸
덥다	暑い	아쯔이
도착로비	到着ロビー	토-쨔구로비-
도착시각	到着時刻	토-쨔구지꼬꾸
도착일	到着日	토-쨔구히
동전	コイン	코잉
따뜻하다	暖かい	아따따까이

단어만 말해도 뜻은 통한다!

딸	むすめ/むすめさん/おじょうさん	무스메/무스메상/오죠-상
리무진버스	リムジンバス	리무진바스
마실 것	飲み物	노미모노
매년	毎年	마이또시
매일	毎日	마이니찌
매일 밤	毎晩	마이방
매주	毎週	마이슈-
매표소	チケット売り場	치켓또우리바
며칠	何日	난니찌
면세품	免税品	멘제-힝
명	名	메-
모레	あさって	아삿떼
모포	毛布	모-후
목적	目的	모꾸떼끼
목적지	目的地	모꾸떼끼찌
무역	貿易	보-에끼
무역회사	貿易会社	보-에끼가이샤
물수건	おしぼり	오시보리

모르는 말 찾기 (뮤지컬~세관신고서)

뮤지컬	ミュージカル	뮤-지카루
바둑	いご	이고
반입금지품	持ちこみ禁止品	모찌꼬미 킨시힝
발행기관	発行機関	학꼬-키깡
방문	訪問	호-몽
배우	俳優	하이유-
베개	まくら	마꾸라
변호사	弁護士	벵고시
보석	宝石	호-세끼
본적	本籍	혼세끼
봄	春	하루
부사장	部社長	후꾸샤쵸-
부장	部長	부쵸-
비	雨	아메
비디오카메라	ビデオカメラ	비데오카메라
비상구	非常口	히죠-구찌
비어있음	空き	아끼
비자	ビザ	비자

 # 단어만 말해도 뜻은 통한다!

비자발행지	ビザ発行地	비자학꼬-찌
비자번호	ビザ番号	비자방고-
비즈니스	ビジネス	비지네스
비행기	飛行機	히꼬-끼
사장	社長	샤쵸-
산소마스크	酸素マスク	산소마스꾸
삼촌(작은 아버지)	おじ/おじさん	오지 / 오지상
상무	常務	죠-무
상반기	上半期	카미항끼
생년월일	生年月日	세-넨갑삐
생일	誕生日	탄죠-비
서명	サイン	사잉
선물	おみやげ	오미야게
성	姓	세-
성별	性別	세-베쯔
세관	税関	제-깡
세관검사	税関検査	제-깡켄사
세관신고서	税関申告書	제-깡신꼬꾸쇼

출발·도착

모르는 말 찾기 (소나기~여행 가방)

소나기	にわか雨	니와까아메
손자	まご/おまごさん	마고 / 오마고상
수표	小切手	코깃떼
수화물	手荷物	테니모쯔
수화물인환증	手荷物引き換え証	테니모쯔히끼까에쇼-
숙모(고모, 이모)	おば/おばさん	오바 / 오바상
술	(お)酒	(오)사께
스키	スキー	스키-
스튜어디스	スチュワーデス	스츄와-데스
스포츠	スポーツ	스포-츠
습도	湿度	시쯔도
승객	乗客	죠-까꾸
시차	時差	지사
신고	申告	신꼬꾸
신문	新聞	심붕
신분증	身分証	미분쇼-
아내	つま, かない/おくさん	쯔마, 카나이 / 옥상
아들	むすこ/むすこさん	무스꼬 / 무스꼬상

단어만 말해도 뜻은 통한다!

아버지	ちち/おとうさん	치찌 / 오또-상
안전벨트	シートベルト	시-또베루또
야구	野球	야뀨-
약	薬	쿠스리
어머니	はは/おかあさん	하하 / 오까-상
어제	きのう	키노-
어젯저녁	ゆうべ	유-베
얼마	いくら	이꾸라
얼음	こおり	코오리
여권	パスポート	파스뽀-또
여권발행일	パスポート発行日	파스뽀-또 학꼬-지쯔
여권번호	パスポートナンバー	파스뽀-또남바-
여	女	온나
여동생	いもうと/いもうとさん	이모-또/이모-또상
여름	夏	나쯔
여름휴가	夏休み	나쯔야스미
여행	旅行	료꼬-
여행 가방	スーツケース	스-츠케-스

모르는 말 찾기 (여행사~전무)

여행사	旅行会社	료꼬-카이샤
연극	芝居	시바이
연수	研修	켄슈-
영화감상	映画鑑賞	에-가칸쇼-
예정	予定	요떼-
오늘	きょう	쿄-
오늘밤	今晩	콤방
오늘 아침	けさ	케사
올해	今年	코또시
외국인	外国人	카이꼬꾸징
요금	料金	료-낑
우박	ひょう	효-
운수업	運輸業	운유-교-
운전기사	運転手さん	운뗀슈상
유통업	流通業	류-쯔-교-
유학	留学	류-가꾸
은행원	銀行員	깅꼬-잉
음악감상	音楽鑑賞	옹가꾸칸쇼-

단어만 말해도 뜻은 통한다!

응원	応援	오-엔
의사	医者/医師	이샤/이시
이 달	今月	콩게쯔
이륙	離陸	리리꾸
이름	名前	나마에
이번 주	今週	콘슈-
이어폰	イアホーン	이야홍-
일기예보	天気予報	텡끼요호-
일본영화	日本の映画	니혼노 에-가
일용품	身の回り品	미노 마와리 힝
입국관리	入国管理	뉴-꼬꾸칸리
입국심사	入国審査	뉴-꼬꾸신사
입국카드	入国カード	뉴-꼬꾸카-도
작년	去年	쿄넹
잡지	雑誌	잣시
장마	梅雨	츠유
재작년	おととし	오또또시
전무	専務	셈무

출발·도착

211

모르는 말 찾기 (제조업~통로측)

제조업	製造業	세-조-교-
좌석번호	座席番号	자세끼 방고-
주	週	슈-
주말	週末	슈-미쯔
주부	主婦	슈후
주소	住所	쥬-쇼
지난 달	先月	셍게쯔
지난 주	先週	센슈-
지폐	紙幣	시헤-
직업	職業	쇼꾸교-
짐보관증	荷物預り証	니모쯔아즈까리쇼-
차장	次長	지쵸-
착륙	着陸	챠꾸라꾸
창측	窓側	마도가와
창측 좌석	窓側の席	마도가와노 세끼
채팅	チャット	챳또
체크인 카운터	チェックインカウンター	첵꾸인카운타-
출국카드	出国カード	슈꼬꾸까-도

단어만 말해도 뜻은 통한다!

출발시간	出発時間	슛빠쯔지깐
출발일	出発日	슛빠쯔히
출입국 관리	出入国管理	슈쯔뉴-꼬꾸칸리
출입국 심사	出入国審査	슈쯔뉴-꼬꾸신사
출입국 카드	出入国カード	슈쯔뉴-꼬꾸카-도
출장	出張	슛쵸-
출판사	出版社	슛판샤
취미	趣味	슈미
취학	就学	슈-가꾸
친척방문	親戚訪問	신세끼호-몽
카메라	カメラ	카메라
컵	コップ	콥뿌
탑승게이트	搭乗ゲート	토-죠-게-토
탑승권	搭乗券	토-죠-껭
탑승대합실	搭乗待合室	토-죠-마찌아이시쯔
태풍	台風	타이후-
택시	タクシー	타쿠시
통로측	通路側	츠로가와

모르는 말 찾기 (통로측 좌석~흡연석)

통로측 좌석	通路側の席	츠로가와노 세끼
편명	便名	빔메-
평일	平日	헤-지쯔
표	チケット	치켓토
하반기	下半期	시모항끼
학생	学生	각세-
한국영화	韓国の映画	캉꼬꾸노 에-가
한여름	真夏	마나쯔
할머니	そぼ/おばあさん	소바 / 오바-상
할아버지	そふ/おじいさん	소후 / 오지-상
항공권	航空券	코-꾸-껭
항공기 편명	航空機便名	코-큐-끼빔메-
향수	香水	코-스이
현금	現金	겡낑
현주소	現住所	겐쥬-쇼
현지시간	現地時間	켄찌지깡
혈액형	血液型	케쯔에끼가따
형(오빠)	あに/おにいさん	아니 / 오니-상

단어만 말해도 뜻은 통한다!

호출 버튼	呼び出し ボタン	요비다시 보땅
홈스테이	ホームステイ	호-무스떼이
화장실	トイレ	토이레
환율	交換率	코-깐리쯔
환전소	両替所	료-가에쇼
회사원	会社員	카이샤잉
휴가	休暇	큐-까
휴대품	携帯品	케-따이힝
휴일	休日	큐-지쯔
흡연석	喫煙席	키쯔엔세끼

모르는 말 찾기

Wordbook 2
숙박

간단한 한마디

○○○을 찾고 있습니다.

호텔	ホテル	호떼루
여관	旅館	료깡
민박	民宿	민슈꾸

を 探して います。
오　사가시떼　이마스

○○○딸린 방을 부탁합니다.

욕실	お風呂	오후로
샤워시설	シャワー	샤와
에어컨	エアコン	에아콩

付きの 部屋を
츠끼노　헤야오

お願いします。
오네가이시마스

모르는 말 찾기 (가까운 호텔~모텔)

가까운 호텔	近くの ホテル	치까쿠노 호테루
가장 빠른	一番速い	이치방 하야이
가장 싼	一番安い	이치방 야스이
개별손님	個人客	고징캬꾸
게스트 카드	ゲストカード	게스또 카-도
계산	勘定	칸죠-
계산서	勘定書	칸죠-쇼
계란	卵	타마고
관광안내소	観光案内所	캉꼬-안나이죠
교체해 주세요	取り替えて下さい	토리카에테 쿠다사이
국제전화	国際電話	콕사이뎅와
귀중품	貴重品	키쵸-힝
금액	金額	킹가꾸
기입	記入	키뉴-
깨끗한 호텔	清潔な ホテル	세이케츠나 호테루
냉장고	冷蔵庫	레-조-꼬
단체손님	団体客	단따이캬꾸
담요	毛布	모-후

단어만 말해도 뜻은 통한다!

대여금고	貸し金庫	가시킹코
더블룸	ダブル	다부루
더운물	お湯	오유
도어맨	ドアボーイ	도아보-이
동전	小銭	고제
두끼 식사 딸림	2食付き	니쇼쿠츠끼
드라이어	ドライヤー	도라이야-
드라이클리닝	ドライクリーニング	도라이쿠리-닝구
라디오	ラジオ	라지오
라켓	ラケット	라켓토
레스토랑	レストラン	레스토랑
로비	ロビー	로비-
룸메이드	ルームメイド	루-무메이도
룸서비스	ルームサービス	루-무사-비스
면도	ひげそり	히게소리
면도기	かみそり	카미소리
모닝콜	モーニングコール	모-닝구코-루
모텔	モーテル	모-테루

모르는 말 찾기 (무료~숙박객)

무료	無料	무료-
문	ドア	도아
물	水	미즈
미니 바	ルームバー	루-무바-
미용실	美容室	비요-시쯔
민박	民宿	민슈꾸
바닷가 근처	海の近く	우미노치까꾸
바	バー	바-
바지	ズボン	즈봉
방	部屋	헤야
버터	バター	버타-
번화가	繁華街	항카가이
베개	まくら	마쿠라
베개 커버	まくらカバー	마쿠라 카바-
벨캡틴	ベルキャプテン	베루캬푸뗀
변기	便器	벵끼
보관소	預り所	아즈까리쇼
봉사료	サービス料	사-비스료-

단어만 말해도 뜻은 통한다!

비누	せっけん	섹껭
비상구	非常口	히죠-구찌
빈 방	空部屋	아키베야
사우나	サウナ	사우나
사인	サイン	사잉
삶은 계란	ゆで卵	유데타마고
3인실	3人部屋	산닝헤야
생수	ミネラルウオーター	미네라루워-타-
샤워	シャワー	샤와-
샴푸	シャンプー	샴푸-
성냥	マッチ	맛찌
세금	税金	제-킹
세끼 식사 딸림	3食付き	산쇼큐츠끼
세탁비	洗濯代	센따꾸다이
세탁서비스	ランドリーサービス	란도리-사-비스
속옷	下着	시따기
수도꼭지	蛇口	쟈구찌
숙박객	泊まり客	도마리캬꾸

모르는 말 찾기 (숙박료~욕실)

숙박료	宿泊料	슈꾸하꾸료-
스웨터	セーター	세-타-
스커트	スカート	스카-토
스포츠 시설	スポーツ施設	스뽀-츠시세츠
슬리퍼	スリッパ	스립빠
시내	市内	시나이
시내 중심가	市の中心部	시노츄-심부
시내통화	市内通話	시나이쯔-와
시설	施設	시세쯔
시트	シーツ	시-츠
식당	食堂	쇼꾸도-
신용카드	クレジットカード	쿠레짓토카-도
싱글룸	シングル	싱구루
쓰레기통	ゴミ箱	고미바꼬
아침식사	朝食	쵸-쇼꾸
아침식사 포함	朝食付き	쵸-쇼꾸쯔끼
아케이드	アーケード	아-께-도
안내창구	案内係	안나이가까리

단어만 말해도 뜻은 통한다!

안전금고	安全金庫	안젠킨코
양복	スーツ	스-츠
에어컨	エアコン	에아콩
엘리베이터	エレベーター	에레베-따
여관	旅館	료캉
여행자수표	トラベラーズチェック	토라베라-즈첵쿠
역	駅	에끼
열쇠	キー	키-
엽서	はがき	하가끼
영수증	領収書	료-슈-쇼
예비침대	予備ベッド	요비벳도
예약	予約	요야꾸
예약확인증	予約確認証	요야꾸카쿠닝쇼-
예정	予定	요떼-
옷장	洋服ダンス	요-후꾸단스
요금	代金	다이킹
온수	お湯	오유
욕실	お風呂	오후로

모르는 말 찾기 (욕실매트~칫솔)

욕실매트	バスマット	바스맛또
욕실이 딸린	バス付き	바스츠키
우유	牛乳	규-뉴-
우표값	切手代	깃떼다이
유스호스텔	ユースホステル	유-스호스떼루
이용법	利用のしかた	리요-노 시카타
2인실	二人部屋	후따리베야
1박	一泊	입빠구
1인실	一人部屋	히또리베야
1주일	一週間	잇슈-칸
자동판매기	自動販売機	지도-함바이키
잠만 자는 숙박	素泊まり	스도마리
재떨이	灰皿	하이자라
재킷	上着	우와기
잼	ジャム	쟈무
저렴한 방	安い部屋	야스이 헤야
전화	電話	뎅와
접수	受け付け	우께쯔께

단어만 말해도 뜻은 통한다!

좋은 호텔	良い ホテル	이- 호테루
주소	住所	쥬-쇼
주스	ジュース	쥬-스
죽	おかゆ	오까유
지도	地図	치즈
지배인	支配人	시하이닝
지하	地下	치까
짐	荷物	니모쯔
짐 보관소	クローク	쿠로-쿠
창문	窓	마도
청량음료	ソフトドリンク	소후토 도링쿠
청소	掃除	소-지
체재	滞在	타이자이
체크아웃	チェックアウト	첵꾸아우토
체크인	チェックイン	첵꾸잉
치약	歯磨き	하미가끼
침대	ベット	벳또
칫솔	歯ブラシ	하브라시

모르는 말 찾기 (커트~휴지)

커트	カット	캇토
커튼	カーテン	카-텡
커피숍	コーヒーショップ	코-히-숍푸
코인 세탁소	コインランドリー	코잉란도리-
퀵서비스	特急サービス	톡큐-사-비스
키 카드	キーカード	키- 카-도
타월	タオル	타오루
택시	タクシー	타쿠시
테니스 코트	テニスコート	테니스 코-토
텔레비전	テレビ	테레비
트윈룸	ツイン	츠인
티켓	チケット	치켓또
파마	パーマ	파-마
팩스	ファックス	확쿠스
팸플릿	パンフレット	팡후렛또
편지	手紙	테가미
포터	ポーター	포-타-
풀장	プール	푸-루

단어만 말해도 뜻은 통한다!

프런트	フロント	후론토
합계	合計	고-께-
항공편	航空便	코-쿠-빙
행사	催し物	모요-시모노
헤어 드라이어	ドライヤー	도라이야-
헤어스타일	ヘアースタイル	헤아-스타이루
현금	現金	겡낑
호반의	湖畔の	고한노
호텔	ホテル	호테루
호텔가이드	ホテル ガイド	호테루 가이도
홍차	紅茶	코-쨔
회계원	会計係	가이케-가카리
회원증	会員証	카이인쇼-
휴대품보관소	携帯品預かり所	케-따이힝 아즈까리쇼
휴지	トイレットペーパー	토이렛또페-빠-

모르는 말 찾기

Wordbook 3
식 사

간단한 한마디

이 근처에 ○○○는 있습니까?

この 近に
코노 치까꾸니

초밥집	寿司屋	스시야
회전초밥집	回転寿司	카이뗀 스시
라면집	ラーメン屋	라멩야

は ありますか。
와 아리마스까

○○○을 부탁합니다.

젓가락	箸	하시
간장	醤油	쇼-유
계산서	お勘定	오깐죠-

を お願いします。
오 오네가이시마스

모르는 말 찾기 (가다랭이~김밥)

가다랭이	かつお	카쯔오
가리비	帆立貝	호따떼가이
가오리	えい	에이
가지	なす	나스
간장	醬油	쇼-유
간	レバー	레바-
갈다(강판에)	おろす	오로스
갈치	たちうお	타찌우오
감	柿	카끼
감자	じゃがいも	쟈가이모
감자 튀김	フレンチ フライズ	후렌치 후라이즈
강낭콩	いんげん豆	잉겜마메
건배!	乾杯!	감빠이
게	かに	카니
겨자	からし	카라시
계란	たまご	타마고
계란찜	茶わん蒸し	챠왐무시
계란 프라이	目玉焼き	메다마야끼

단어만 말해도 뜻은 통한다!

고구마	さつまいも	사쯔마이모
고기	肉	니꾸
고기가 연하다	肉が 柔らかい	니꾸가 야와라까이
고기가 질기다	肉が 堅い	니꾸가 카따이
고등어	さば	사바
고추	とうがらし	토-가라시
고추냉이	わさび	와사비
과일	果物	쿠다모노
광어	カレイ	카레-
구운	焼いた	야이타
구운(석쇠로)	あぶって焼いた	아붓떼 야이타
국수	そうめん	소-멩
굴	かき	카끼
굽다	焼く	야꾸
귤	みかん	미깡
기름에 볶은	炒めた	이따메타
기본안주	つきだし	츠끼다시
김밥	のりまき	노리마끼

모르는 말 찾기 (꽁치~라면)

꽁치	さんま	삼마
꿀	はちみつ	하치미쯔
끓인	煮た	니타
나이프	ナイフ	나이후
낫토	納豆	낫또
내일	あした	아시따
내일 밤	明日の夜	아스노 요루
냅킨	ナプキン	나쁘낑
녹차	緑茶	료꾸쨔
농어	すずき	스즈끼
느끼하다	油っこい	아부락꼬이
다시마	こんぶ	콤부
다지다	みじんぎりに する	미진기리니 스루
단무지	たくあん	타꾸앙
단팥죽	おしるこ	오시루꼬
단호박	かぼちゃ	카보쨔
달다	あまい	아마이
닭고기	トリ肉	토리니꾸

단어만 말해도 뜻은 통한다!

닭꼬치구이	焼き鳥	야끼또리
담백한 맛	あっさりした 味	앗사리시타 아지
당근	にんじん	닌징
대구	たら	타라
대합	はまぐり	하마구리
덮밥	どんぶり	돔부리
도넛	ドーナツ	도-나쯔
도미	たい	타이
돼지고기	豚肉	부따니꾸
된장	みそ	미소
된장국	みそ汁	미소시루
두부	とうふ	토-후
뒤섞다	かき混ぜる	카끼마제루
땅콩	ピーナッツ	피-낫쯔
딸기	いちご	이찌고
떫다	渋い	시부이
뜨겁다	熱い	아쯔이
라면	ラーメン	라-멩

모르는 말 찾기 (라면집~바나나)

라면집	ラーメン屋	라-멩야
랍스터	伊勢えび	이세에비
레모네이드	レモネード	레모네-도
레몬	レモン	레몽
레몬즙	レモンじる	레몬지루
레스토랑	レストラン	레스토랑
레어(스테이크)	レア	레아
마가린	マーガリン	마-가링
마늘	にんにく	닌니꾸
마른안주	おつまみ	오츠마미
마요네즈	マヨネーズ	마요네-즈
만두	餃子	교-자
맛없다	まずい	마즈이
맛이 싱겁다	味が うすい	아지가 우스이
맛이 진하다	味が こい	아지가 코이
맛있다	おいしい	오이시-
망고	マンゴー	망고-
매실주	梅酒	우메슈

단어만 말해도 뜻은 통한다!

매실초절임	梅干し	우메보시
맥주	ビール	비-루
맵다	辛い	카라이
멍게	ほや	호야
메기	ナマズ	나마즈
메뉴	メニュー	메뉴-
메밀국수	そば	소바
멜론	メロン	메롱
멸치	煮干し	니보시
명란젓	たらこ	타라꼬
무	大根	다이꽁
무치다	あえる	아에루
무화과	いちじく	이찌지꾸
문어(낙지)	たこ	타꼬
물 탄 위스키	水割り	미즈와리
미디엄(스테이크)	ミーディアム	미-디아무
미역	わかめ	와까메
바나나	バナナ	바나나

모르는 말 찾기 (바지락~생맥주)

바지락	しじみ	시지미
반숙계란	半熟の卵	한쥬꾸노 타마고
밤	くり	쿠리
밥	ご飯	고항
배	なし	나시
배추	白菜	하꾸사이
뱅어	しらうお	시라우오
버섯	きのこ	키노꼬
버찌	さくらんぼ	사꾸람보
버터	バター	바따-
베이컨	ベーコン	베-콩
보리	麦	무기
복숭아	もも	모모
복어탕	ふぐちり/ふぐなべ	후구찌리 / 후구나베
볶다(기름없이)	いる	이루
볶다(기름으로)	炒める	이따메루
부추	にら	니라
불고기	焼き肉	야끼니꾸

단어만 말해도 뜻은 통한다!

불고기집	焼き肉屋	야끼니꾸야
뷔페	バイキング	바이킹구
브랜디	ブランデー	부란데-
빵	パン	팡
사과	りんご	링고
산뜻한 맛	さっぱりした味	삽빠리시따 아지
살구	あんず	안즈
살라미	サラミ	사라미
삶다	ゆでる	유데루
삶은	ゆでた	유데타
삶은계란	ゆで卵	유데타마고
상추	サニーレタス	사니-레타스
새끼양고기	ラム	라무
새우	エビ	에비
새우회	甘えび	아마에비
샐러드	サラダ	사라다
생강	しょうが	쇼-가
생맥주	生ビール	나마비-루

모르는 말 찾기 (생선~식초)

생선	魚	사까나
생선구이	やきざかな	야끼자까나
생선회	さしみ	사시미
샴페인	シャンペン	샴펜
섞은	混ぜた	마제타
설탕	砂糖	사또-
성냥	マッチ	맛찌
센 불	強火	츠요비
셀러리	セロリ	세로리
셔벗	シャーペット	샤-벗또
소금	塩	시오
소금을 치다	塩を かける	시오오 카께루
소라	ほらがい	호라가이
소바집	そば屋	소바야
소시지	ソーセージ	소-세-지
소스	ソース	소-스
소스를 치다	ソースをかける	소-스오 카께루
소주	焼酎	쇼-쮸-

단어만 말해도 뜻은 통한다!

송아지 고기	子牛肉	고우시니쿠
송어	ます	마스
송이버섯	松たけ	마쯔타께
쇠고기	牛肉	규-니쿠
쇠고기 전골	すきやき	스끼야끼
쇠고기 덮밥	牛どん	규-동
수박	すいか	스이까
수프	スープ	스-뿌
숭어	ボラ	보라
와인	ワイン	와인
스크램블	いり卵	이리타마고
스트레이트	ストレート	스토레-토
스푼	スプーン	스뿡-
시금치	ほうれん草	호-렌소-
시다	すっぱい	습빠이
식당	食堂	쇼꾸도-
식용유	食用油	쇼꾸요-아부라
식초	酢	스

239

모르는 말 찾기 (싱싱하다~완숙계란)

싱싱하다	新鮮だ	신센다
쌀	(お)米	(오)코메
썰다	切る	키루
쑥갓	しゅんぎく	슝기꾸
쓰다	苦い	니가이
아스파라거스	アスパラガス	아스파라가스
아이스커피	アイスコーヒー	아이스코-히-
아이스크림	アイスクリーム	아이스쿠리-무
아침식사	朝食(朝ご飯)	쵸-쇼꾸(아사고항)
야채	野菜	야사이
야채절임	つけもの	츠케모노
약한 불	弱火	요와비
양고기	羊肉	요-니꾸
양배추	キャベツ	캬베츠
양상추	レタス	레타스
양식	洋食	요-쇼꾸
양파	玉ねぎ	타마네기
어묵	かまぼこ	카마보꼬

단어만 말해도 뜻은 통한다!

어슷썰다	そぎぎりに する	소기기리니 스루
얼음 탄 위스키	オンザロック	온자록꾸
연어	鮭	사께
연어알	いくらおろし	이쿠라오로시
엽차	煎茶	센쨔
예약	予約	요야쿠
오늘	今日	쿄-
오늘 밤	今晩	콤방
오뎅	おでん	오뎅
오렌지	オレンジ	오렌지
오물렛	オムレツ	오무레쯔
오이	きゅうり	큐-리
오징어	いか	이까
옥수수	トウモロコシ	토-모로꼬시
온더록스	ロック	록꾸
와인	ワイン	와인
완두콩	えんどう豆	엔도-마메
완숙계란	固ゆでの卵	가타유데노 타마고

모르는 말 찾기 (요쿠르트~죽순)

요쿠르트	ヨーグルト	요-구루또
우유	ミルク	미루꾸
웨이터	ウェイター	웨이타-
웨이트리스	ウェイトレス	웨이토레스
웰던(스테이크)	ウェルダン	웨루단
위스키	ウイスキー	위스키-
유부	あぶらあげ	아부라아케
으깬 감자	マッシュポテト	맛슈뽀테토
은어	あゆ	아유
음료	飲み物	노미모노
이쑤시게	楊枝	요지
이탈리안드레싱	イタリアンドレッシング	이타리안 도렛싱구
일본술	お酒	오사케
일본요리	日本料理	니혼료-리
일본음식점	和食店	와쇼꾸뗑
일식	日本料理/和食	니혼료-리 / 화쇼꾸
일행	連れ	츠레
자리	席	세끼

단어만 말해도 뜻은 통한다!

잘게 썬	千切りに した	셍기리니 시타
장어	うなぎ	우나기
재떨이	灰皿	하이자라
잼	ジャム	쟈무
저녁식사	夕食(晩ご飯)	유-쇼꾸(방고항)
적은	少ない	스쿠나이
전갱이	あじ	아지
전복	あわび	아와비
절인 반찬	つけもの	쯔께모노
점심식사	昼食(昼ご飯)	쥬-쇼꾸(히루고항)
젓가락	箸	하시
정어리	いわし	이와시
젤리	ゼリー	제리-
조개	かい	카이
좁쌀	あわ	아와
주먹밥	おにぎり	오니기리
주스	ジュース	쥬-스
죽순	竹の子	타께노꼬

모르는 말 찾기 (중간 크기의~튀기다)

중간 크기의	中ぐらいの	츄-구라이노
중국음식점	中華料理店	츄-까료-리뗑
중식	中華料理	츄-까료-리
지방요리	郷土料理	쿄-또료-리
짜다	塩辛い	시오까라이
찌다	蒸す	무스
찐	蒸した	무시타
찐빵	蒸しパン	무시팡
찜구이를 한	蒸し焼きに した	무시야키니 시타
차다	冷たい	츠메타이
참기름	ごま油	고마아부라
참외	まくわうり	마꾸와우리
참치	まぐろ	마구로
참치회	まぐろさしみ	마구로사시미
찹쌀	もちこめ	모찌꼬메
창가쪽 자리	窓際の席	마도기와노 세끼
청어	にしん	니싱
청주	日本酒	니혼슈

# 단어만 말해도 뜻은 통한다!

초밥	すし	스시
초밥집	すし屋	스시야
치즈	チーズ	치-즈
카페오레	カフェオーレ	카훼오-레
칵테일	カクテル	카쿠테루
컵	コップ	콥뿌
케이크	ケーキ	케-끼
케첩	ケチャップ	케챱뿌
코코아	ココア	코꼬아
콜리플라워	カリフラワー	카리후라와-
콩	豆	마메
큰	大きい	오-키-
키위	キウイ	키우이
크림	クリーム	쿠리-무
토란	さといも	사또이모
토마토	トマト	토마토
토스트	トースト	토-스또
튀기다	揚げる	아게루

모르는 말 찾기 (튀긴~흑맥주)

튀긴	揚げた	아게타
튀김	てんぷら	뎀뿌라
파	ねぎ	네기
파슬리	パセリ	파세리
파인애플	パイナップル	파이납뿌루
팥	小豆	아즈끼
팥밥	赤飯	세끼항
패스트푸드	ファーストフード	화-스토후-도
편의점	コンビニ	콤비니
포도	ぶどう	부도-
포크	フォーク	훠-꾸
표고버섯	しいたけ	시-따께
푸딩	フリン	푸링
프라이드 치킨	フライドチキン	후라이도치킨
프랑스요리	フランス料理	후란스료-리
피클	ピクルス	피꾸루스
한국요리	韓国料理	캉꼬꾸료-리
합석	相席	아이세끼

단어만 말해도 뜻은 통한다!

해물요리	海鮮料理/シーフード料理	카이센료-리/시-후-도료-리
해삼	なまこ	나마꼬
햄	ハム	하무
햄버거	ハンバーガー	함바-가-
향신료	香辛料	고-신료-
호텔 식당	ホテルの食堂	호테루노 쇼쿠도-
홍차	紅茶	코-쨔
화학조미료	化学調味料	가가쿠쵸-미료-
회전초밥	回転寿司	카이뗀스시
프렌치드레싱	フレンチドレッシング	후렌치도렛싱구
후추	こしょう	코쇼-
훈제의	燻製の	군세-노
흑맥주	スタウト	스타우토

식사

모르는 말 찾기

Wordbook 4

전화·우편

간단한 한마디

○○○에 전화하고 싶은데요.

☐ に 電話したいのですが。
니　뎅와시따이노데스가

○○○을 보내고 싶은데요.

| 편지 | 手紙 | 테가미 |
| 소포 | 小包 | 코즈쯔미 | を 送りたいのですが。

오　오꾸리따이노데스가

모르는 말 찾기 (가장 빠른 편~소포)

가장 빠른 편	一番 速い 便	이찌방 하야이 빙
공중전화	公衆電話	코-슈-뎅와
교환원	オペレーター	오페레-타-
국가번호	国番号	쿠니방고-
국제전화	国際電話	콕사이뎅와
그림엽서	絵葉書	에하가끼
기념우표	記念切手	키넹킷떼
긴급	緊急	킹큐-
긴급통화	緊急通話	킹큐-쯔-와
깨지는 물건	こわれもの	코와레모노
내선	内線	나이셍
내용물	中身	나까미
다시 전화하겠습니다	また 電話します	마따 뎅와시마스
다이얼	ダイアル	다이아루
두께	厚さ	아쯔사
등기우편	書留	카끼도메
메모	メモ	메모
메시지	伝言	뎅공

단어만 말해도 뜻은 통한다!

메일 주소	メールアドレス	메-루아도레스
몇 번에 거셨어요?	何番に おかけですか	남반니 오카께데스까
받는 곳	宛先	아떼사끼
받는 사람	受取人	우께또리닝
받은 편지함	受信箱	쥬심바꼬
발신인	発信人	핫신닝
번호	番号	방고-
번호통화	番号通話	방고-쯔-와
보내는 사람	差出人	사시다시닝
복사	コピー	코피-
복사기	コピー機	코피-끼
봉투	封筒	후-또-
부재중	留守	루스
사서함	私書箱	시쇼바꼬
상대방	相手の人	아이떼노 히토
상대방 번호	相手の番号	아이떼노 방고-
선편	船便	후나빙
소포	小包	코즈쯔미

전화·우편

251

모르는 말 찾기 (속달~전화번호)

속달	速達	소꾸따쯔
수신인	受信人	쥬-신닝
수화기	受話器	쥬와끼
시내전화	市内電話	시나이뎅와
신호음	信号音	싱고-옹
여보세요	もしもし	모시모시
여보세요, ~입니까?	もしもし ~ですか?	모시모시 ~데스까
연락처	連絡先	렌라꾸사끼
엽서	葉書	하가끼
외선	外線	가이셍
외출 중	外出中	가이슛쯔쮸-
요금	料金	료-낑
우체국	郵便局	유-빙꾜꾸
우체통	ポスト	포스또
우편배달부	郵便配達人	유-빙하이타쯔닝
우편번호	郵便番号	유-빔방고-
우편요금	郵便料金	유-빔료-낑
우편환	郵便偽替	유-빔가와세

단어만 말해도 뜻은 통한다!

우표	切手	킷떼
이름	名前	나마에
인쇄물	印刷物	인사쯔부쯔
인터넷	インターネット	인따-넷또
자동응답전화	留守番電話	루스반뎅와
잘 들리지 않아요	よく 聞こえません	요꾸 키꼬에마셍
잘못 걸린 전화	間違い 電話	마치가이 뎅와
잠깐만 기다리세요	少々 お待ちください	쇼-쇼-오마찌 쿠다사이
잡음	雑音	자츠옹
장거리전화	長巨離電話	쵸-쿄리뎅와
전보	電報	뎀뽀-
전송	電送	덴소-
전언을 남기다	伝言を 残す	뎅공오 노꼬스
전화를 걸다	電話を かける	뎅와오 카께루
전화를 끊다	電話を 切る	뎅와오 키루
전화를 바꾸다	電話を まわす	뎅와오 마와스
전화를 연결하다	電話を つなぐ	뎅와오 츠나구
전화번호	電話番号	뎅와방고-

모르는 말 찾기 (전화번호부~휴대폰 번호)

전화번호부	電話帳	뎅와쵸-
전화 벨	電話の ベル	뎅와노 베루
전화 사용법	電話の使い方	뎅와노 츠까이까따
전화부스	電話ボックス	뎅와복쿠스
전화카드	テレホンカード	테레홍카-도
종이상자	ダンボール箱	담보-루바꼬
주소	住所	쥬-쇼
중량	重量/重さ	쥬-료- / 오모사
지명통화	指名通話	시메-쯔-와
지역번호	市外局番	시가이쿄꾸방
축전	祝電	슈꾸덴
크기	サイズ/大きさ	사이즈 / 오-키사
콜렉트콜	コレクトコール	코레쿠토코-루
통화료	通話料	츠-와료-
통화중	話し中	하나시쮸-
통화중이다	話し中である	하나시쮸-데아루
패스워드	パスワード	파스와-도
팩스	ファックス	확쿠스

단어만 말해도 뜻은 통한다!

편지를 쓰다	手紙を 書く	테가미오 카꾸
편지를 부치다	手紙を 出す	테가미오 다스
편지지	便箋	빈셍
포장	包装	호-소-
포장센터	包装センター	호-소-센타
항공봉함우편	航空書簡	코-꾸-쇼깡
항공편	航空便	코-꾸-빙
혼선	混線	콘셍
휴대전화	携帯電話	케-타이뎅와
휴대폰 번호	携帯電話の番号	케-타이뎅와노 방고-

모르는 말 찾기

Wordbook
5
교 통

간단한 한마디

○○○은 어디입니까?

버스정류장 バス停 바스떼-	は どこですか。
역　　　　駅 에끼	와　도꼬데스까
~로 가는 길	
~へ 行く 道 ~에 이꾸 미찌	

○○○열차는 몇 시에 있습니까?

다음　つぎ 츠기	の 列車は 何時ですか。
첫　　始発 시하쯔	노　렛샤와　　　난지데스까
마지막 最終 사이슈	

모르는 말 찾기 (가득~놓치다)

가득	満タン	만탕
가솔린	ガソリン	가소린
갈아타는 곳	乗換口	노리까에구찌
개찰구	改札口	카이사쯔구찌
거리	距離	쿄리
거스름 돈	おつり	오쯔리
게이트	ゲート	게-또
결항	欠航	켁꼬-
~경유로	~経由で	~케-유데
경찰	警察	케-사쯔
고속도로	高速道路	코-소꾸도-로
고속버스 터미널	高速バス ターミナル	코-소꾸바스 타-미나루
고장	故障	코쇼
공사중	工事中	고-지츄-
공중전화	公衆電話	고-슈-뎅와
공항	空港	구-코-
관광용 할인승차권	周遊券	슈-유-켕
교차로	交差点	코-사텡

단어만 말해도 뜻은 통한다!

교차로 앞에서	交差点の 前で	코-사텡노 마에데
구급차	救急車	큐-꾸-샤
구명보트	救命ボート	큐-메-보-토
국제운전면허증	国際運転免許証	콕사이운템 멘쿄쇼-
금연석	禁煙席	킹엔세끼
급행열차	急行列車	큐-꼬-렛샤
급행요금	急行料金	큐-꼬-료-킹
길	道	미찌
길을 잃다	道に 迷う	미찌니 마요우
~까지	~まで	~마데
난방	暖房	담보-
남쪽	南	미나미
내리다	降りる	오리루
냉방	冷房	레-보-
노상주차	路上駐車	로죠-츄-샤
노선	路線	로센
노선도	路線図	로센즈
놓치다	乗り遅れる	노리오쿠레루

모르는 말 찾기 (다음~보통)

다음	次	츠기
다음 버스	次のバス	츠기노 바스
대여 계약서	貸与契約書	다이요케-야쿠쇼
대여자전거	貸し自転車	가시지텐샤
대합실	待合室	마치아이시쯔
도로지도	道路地図	도-로찌즈
도중하차	途中下車	도츄-게샤
도착	到着	토-챠쿠
동쪽	東	히가시
렌터카	レンタカー	렌타카-
렌터카 회사	レンタカー屋	렌타카-야
마지막	最終	사이슈-
마차	馬車	바샤
만석	満席	만세끼
맞은편	向こう側	무꼬-가와
매표소	切符売り場	킵뿌우리바
모퉁이	角	카도
목적지	目的地	모꾸떼끼찌

단어만 말해도 뜻은 통한다!

무연	無鉛	무엔
물	水	미즈
반납	返却	헹까꾸
~방면	~方面	~호-멘
배	船	후네
배터리	バッテリー	밧테리-
배표	船の切符	후네노 킵뿌
밴	バン	반
뱃멀미	船酔い	후나요이
버스	バス	바스
버스노선	バスの路線	바스노 로센
버스노선표	バスの路線図	바스노 로센즈
버스로	バスで	바스데
버스 정류장	バス停	바스테
버스 타는 곳	バス乗り場	바스 노리바
버스터미널	バス ターミナル	바스타-미나루
변경	変更	헹꼬-
보통	普通	후쯔-

모르는 말 찾기 (보통열차~안전지대)

보통열차	普通列車	후쯔-렛샤
보험	保険	호껭
보험금	保険金	호껭킹
보험료	保険料	호껜료-
~부터	~から	~카라
북쪽	北	키따
분실물취급소	遺失物取扱所	이시쯔부쯔 토리아쯔까이쇼
브레이크	ブレーキ	부레-키
비즈니스 클래스	ビジネス クラス	비지네스 쿠라스
비행기	飛行機	히코-키
빈차	空車	쿠-샤
사거리	交差点	코-사뗑
사고	事故	지꼬
4륜구동차	4輪駆動車	시린쿠도-샤
사무장	事務長	지무쵸-
서쪽	西	니시
서행	徐行	죠코-
선불	前払い	마에바라이

단어만 말해도 뜻은 통한다!

선실	船室	센시쯔
선장	船長	센쪼-
소형차	小型車	고가타샤
수화물임시보관소	手荷物一時預り所	데니모쯔 이찌지 아즈까리쇼
수화물취급소	手荷物取扱所	데니모쯔 토리아쯔카이쇼
스쿠터	スクーター	스쿠-타-
스포츠카	スポーツカー	스포-쯔카-
승강장	乗り場	노리바
승선	乗船	죠-센
승용차	乗用車	죠-요-샤
시각표	時刻表	지꼬꾸효-
시간	時間	지캉
식당차	食堂車	쇼쿠도-샤
신용카드	クレジットカード	크레짓토 카-도
신호등	信号	신고-
쓰레기	ゴミ	고미
안내소	案内所	안나이죠
안전지대	安全地帯	안젠치타이

모르는 말 찾기 (앞 유리~유실물 취급소)

앞 유리	フロントガラス	후론토 가라스
야간열차	夜行列車	야코-렛샤
양호실	救護室	규-고시쯔
어린이 요금	子供料金	코도모 료-킨
얼마나 걸립니까?	どのくらい かかりますか	도노 쿠라이 카까리마스까
얼마입니까?	いくらですか	이꾸라데스까
에스컬레이터	エスカレーター	에스카레-따-
에어컨	エアコン	에아콩
에어컨 딸린	エアコン 付き	에아콘 츠키
엔진	エンジン	엔진
여객선	客船	갸쿠센
여기	ここ	코꼬
역	駅	에끼
연기	延期	엔끼
연료	燃料	넨료-
열차	列車	렛샤
영수증	領収書	료-슈-쇼
예약	予約	요야꾸

단어만 말해도 뜻은 통한다!

예약 번호	予約番号	요야꾸방고-
예약 창구	予約の 窓口	요야꾸노 마도구찌
예약 확인서	予約確認書	요야꾸카쿠닌쇼
오른쪽	右	미기
오일	オイル	오이루
오토메틱 차	オートマチック車	오-토마칙꾸샤
와이퍼	ワイパー	와이파-
왕복	往復	오-후꾸
왕복표	往復切符	오-후꾸킵뿌
왼쪽	左	히다리
요금	料金	료-낑
요금표	料金表	료-낑효-
우측 통행	右側通行	미기가와 쯔-코-
우회전 금지	右折禁止	우세쯔킨시
운전기사	運転手さん	운뗀슈상
운전면허증	運転免許証	운뗌멩꾜쇼-
유료도로	有料道路	유-료-도-로
유실물 취급소	遺失物取扱所	이시쯔부쯔 토리아쯔카이쇼

모르는 말 찾기 (유턴금지~직행편)

유턴금지	Uターン禁止	유-탄-킨시
2등석	2等席	니또-세끼
2인실	2人部屋	후타리베야
이코노미 클래스	エコノミ クラス	에코노미 쿠라스
1등석	グリーン席	구린-세끼
일방통행	一方通行	입뽀-쯔-코-
일시정지	一時停止	이치지테-시
입구	入口	이리구찌
입석	立ち席	타찌세끼
입장권	入場券	뉴-죠-켕
자동차	車	구루마
자동판매기	自動販売機	지도-함바이키
자리	席	세끼
자유석	自由席	지유-세끼
잔돈	お釣り	오쯔리
~장	~枚	~마이
장소	場所	바쇼
저기	あそこ	아소꼬

단어만 말해도 뜻은 통한다!

전철	電車	덴샤
점검	点検	텡켄
정기승차권	定期乗車券	데-키죠-샤켕
정차	停車	테-샤
제한속도	制限速度	세-겐소쿠도-
좌석	座席	자세끼
좌회전 금지	左折禁止	사세쯔킨시
주유소	ガソリンステンド	가소린스탄도
주차금지	駐車禁止	츄-샤킨시
주차장	駐車場	츄-샤죠
주행거리 요금	走行距離料金	소-코-쿄리료-킹
지도	地図	치즈
지정석	指定席	시떼-세끼
지폐	紙幣	시헤-
지하철	地下鉄	치까데쯔
지하철노선표	地下鉄路線図	치까데쯔 로센즈
지하철역	地下鉄駅	치까데쯔에끼
직행편	直行便	촉코-빙

모르는 말 찾기 (짐~편도표)

짐	荷物	니모쯔
차	車	쿠루마
차선	車線	샤센
차선 엄수	車線厳守	샤센겐슈
차장	車掌	샤쇼-
차종	車種	샤슈
창가쪽 좌석	窓側の席	마도가와노 세끼
창구	窓口	마도구찌
창문	窓	마도
철도 건널목	踏切	후미키리
첫차	始発	시하쯔
추월금지	追い越し禁止	오이코시킨시
출구	出口	데구찌
출항	出航	슉꼬-
충전	充電	쥬-덴
취소대기	キャンセル待ち	캰세루마찌
취소	取り消し	토리케시
침대차	寝台車	신다이샤

단어만 말해도 뜻은 통한다!

코인 로커	コインロッカー	코인록카-
클러치	クラッチ	쿠랏치
타다	乗る	노루
타이어	タイヤ	타이야
탑승구	搭乗口	토-죠-구찌
탑승권	搭乗券	토-죠-껭
탑승시간	搭乗時間	토-죠-지캉
택시	タクシー	타꾸시
택시 타는 곳	タクシー乗り場	타꾸시 노리바
통로쪽 좌석	通路側の席	츠-로가와노 세끼
통행금지	通行止め	츠-코-도메
트렁크	トランク	토랑쿠
특급열차	特急列車	톡뀨-렛샤
퍼스트 클래스	ファースト クラス	화-스토 쿠라스
펑크	パンク	팡쿠
페리	フェリー	훼리-
편도	片道	카따미찌
편도표	片道切符	카따미찌킵뿌

모르는 말 찾기 (편리~흡연석)

편리	便利	벤리
포터	ポーター	포-타-
표	切符	킵뿌
표 파는 곳	きっぷ売場	킵뿌우리바
플랫폼	プラットホーム	프랏또호-무
하루	一日	이찌니찌
학생할인	学生割引	각세-와리비키
한 장	一枚	이찌마이
항공권	航空券	코-꾸-껭
항공사	航空会社	코-꾸-가이샤
항공 운임	航空運賃	코-꾸-운칭
항공편 번호	フライトナンバー	후라이토 남바-
항구	港	미나또
핸들	ハンドル	한도루
~행	~行き	유끼
현지	現地	겐찌
호텔	ホテル	호테루
호텔 현관	ホテルの正面玄関	호테루노 쇼-멩겡칸

단어만 말해도 뜻은 통한다!

화장실	トイレ	토이레
확인	確認	카꾸닝
환승	乗り換え	노리까에
회수권	回数券	카이수-껭
횡단보도	横断歩道	오-당호도-
휴게실	休憩室	큐-께-시쯔
흡연석	喫煙席	키쯔엔세끼

모르는 말 찾기

Wordbook 6
관 광

간단한 한마디

○○○에 가고 싶습니다.

놀이공원	遊園地	유-엔찌
영화관	映画館	에-가깡
박물관	博物館	하꾸부쯔깡

に 行きたいです。
니 이끼따이데스

○○○을 보고 싶은데요.

성	お城	오시로
축제	祭	마쯔리
가부키	歌舞伎	카부끼

を 見たいのですが。
오 미따이노데스가

모르는 말 찾기 (가는 길~궁전)

가는 길	道順	미찌쥰
가라오케	カラオケ	카라오께
가부키	歌舞伎	카부끼
가수	歌手	카슈
가이드	ガイド	가이도
가이드 요금	ガイド料金	가이도료-낑
감독	監督	칸토쿠
강	川	카와
개관	開館	카이깐
개관시간	開館時間	카이깐지깡
건물	建物	다테모노
건전지	電池	덴찌
검도	剣道	켄도-
게이트볼	ゲートボール	게-토보-루
경기	試合	시아이
경기장	競技場	쿄-기죠-
경마	競馬	케-바
경찰서	警察署	케-사쯔쇼

단어만 말해도 뜻은 통한다!

계곡	谷	타니
고적	古跡	규-세키
골프	ゴルフ	고루후
골프장	ゴルフ場	고루후죠-
골프코스 사용료	プレイ料	뿌레-료-
공연	公演	코-엥
공원	公園	코-엥
공중전화	公衆電話	코-슈-뎅와
곶	岬	미사키
관광버스	観光バス	캉꼬-바스
관광안내소	観光案内所	캉꼬-안나이죠
관내투어	館内ツアー	칸나이쯔아-
광장	広場	히로바
교외	郊外	코-가이
교회	教会	쿄-까이
구경	見物	켐부쯔
구장	球場	큐-죠-
궁전	宮殿	규-뎅

모르는 말 찾기 (그림~리프트)

그림	絵画	카이가
그림엽서	絵葉書	에하가끼
극장	劇場	게끼죠-
기념품	お土産	오미야게
기념품점	お土産店	오미야게뗑
나이트클럽	ナイトクラブ	나이또쿠라부
나이트 투어	夜のツアー	요루노 쯔아-
낚시	釣り	츠리
낮공연	昼興業	츄-꼬-교-
내야석	内野席	나이야세끼
노오	能	노-
노래	歌	우따
노래책	歌の本	우따노 홍
놀이공원	遊園地	유-엔찌
농구	バスケットボール	바스켓토보-루
농장	農場	노-죠-
다리	橋	하시
당일권	当日巻	도-지쯔껭

# 단어만 말해도 뜻은 통한다!

당일치기 여행	日帰り旅行	히가에리료꼬-
당일치기 투어	日帰りツアー	히가에리쯔아-
대여 라켓	貸しラケット	카시 라켓토
대학	大学	다이가꾸
도시	都市	도시
도청	都庁	토쵸-
동굴	洞窟	도-쿠쯔
동물	動物	도-부쯔
동물원	動物園	도-부쯔엥
동상	銅像	도-조-
2장	二枚	니마이
등대	灯台	토-다이
디스코 클럽	ディスコ	디스코
라켓	ラケット	라켓토
라쿠고	落語	라꾸고
락	ロック	록쿠
럭비	ラグビー	라구비-
리프트	リフト	리후토

277

모르는 말 찾기 (리프트 표~사진)

리프트 표	リフト券	리후토켕
마라톤	マラソン	마라손
마을	町	마치
만	湾	왕
맞은편	向かい側	무까이가와
매진	売り切れ	우리끼레
매표소	チケット売り場	치켓토우리바
명소	名所	메-쇼
목장	牧場	보쿠죠-
묘	墓	하카
뮤지컬	ミュージカル	뮤-지카루
미술관	美術館	비쥬쯔깡
바다	海	우미
박물관	博物館	하꾸부쯔깡
반나절 코스	半日コース	한니찌코-스
반도	半島	한또-
발레	バレエ	바레-
밤공연	夜興業	야-꼬-교-

단어만 말해도 뜻은 통한다!

방파제	桟橋	삼바시
배구	バレーボール	바레-보-루
배우	俳優	하이유-
백화점	デパート	데파-토
버스	バス	바스
버스노선도	バスの路線図	바스노 로센즈
버스정류장	バス乗り場	바스 노리바
번화가	繁華街	항까가이
병원	病院	뵤-잉
볼링	ボーリング	보-링구
볼만한 곳	見所	미도꼬로
봉우리	峰	미네
분라쿠	文樂	분라꾸
분지	盆地	본치
블루스	ブルース	부루-스
빙하	氷河	효-가
사거리	四つ角	요쯔카도
사진	写真	샤싱

모르는 말 찾기 (산~여배우)

산	山	야마
상	像	죠-
상연	開演	카이엔
샤워실	シャワー室	샤와-시쯔
선수	選手	센슈
섬	島	시마
성	お城	오시로
성지	聖地	세-치
셔터	シャッター	샷타-
솔(뮤직)	ソウル	소우루
쇼핑	買い物	카이모노
수도	首都	슈토
수영	水泳	스에이
수족관	水族館	스이조꾸깡
숲	森	모리
스모	相撲	스모-
스키	スキー	스키-
스키장 지도	スキー場の マップ	스키-죠-노 맙뿌

단어만 말해도 뜻은 통한다!

스포츠	スポーツ	스뽀-쯔
승마	乗馬	죠-바
시골	舎田	이나카
시합	試合	시아이
식물	植物	쇼꾸부쯔
식물원	植物園	쇼꾸부쯔엥
신호등	信号	신고-
심야 관광	夜のツアー	요루노 쯔아-
썬텐로션	日焼け止め	히야케도메
야간경기	ナイター	나이타-
야구	野球	야뀨-
야구장	野球場	야큐-죠-
약국	薬屋	쿠스리야
약도	地図	치즈
어른	大人	오또나
어린이	子供	코도모
언덕	丘	오카
여배우	女優	죠유-

모르는 말 찾기 (여행~조각)

여행	旅行	료꼬-
연극	芝居	시바이
연못	池	이께
연주회	演奏会	엔소-까이
영화	映画	에-가
영화관	映画館	에-가깡
예매권	前売券	마에우리껭
예약	予約	요야꾸
오케스트라	オーケストラ	오-케스토라
오페라	オペラ	오뻬라
온천	温泉	온셍
외야석	外野席	가이야세끼
요금	料金	료-낑
용구	用具	요-구
운하	運河	운가
유도	柔道	쥬-도
유람선	遊覧船	유-란셍
유원지	遊園地	유-엔찌

단어만 말해도 뜻은 통한다!

유적	遺跡	이세키
음악회	音楽会	옹각까이
인화	プリント	프린또
입장권 판매소	プレーガイド	프레-가이도
입장료	入場料	뉴-죠-료-
자유석	自由席	지유-세끼
자유시간	自由時間	지유-지깡
재즈	ジャズ	쟈즈
저녁식사	夕食	유-쇼쿠
전람회	展覧会	텐랑까이
전시	展示	텐지
정장	正装	세-소-
절	寺	테라
점심식사	昼食	츄-쇼쿠
점심식사비	昼食代	츄-쇼쿠다이
정원	庭園	데-엥
정원	定員	테-잉
조각	彫刻	쵸-코쿠

모르는 말 찾기 (좌석~폭포)

좌석	席	세끼
주소	住所	쥬-쇼
주연	主演者	슈엔샤
지도	地図	치즈
지정석	指定席	시테-세끼
지휘자	指揮者	시키샤
초보자용 코스	初心者コース	쇼신샤 코-스
축구	サッカー	삭카-
축제	祭り	마쯔리
출구	出口	데구찌
출발	出発	슙빠쯔
카지노	カジノ	카지노
카트 사용료	カート使用料	카-토 시요-료-
캐디피	キャディーフィー	캬디-휘-
캠핑장	キャンプ場	캄뿌죠-
케이블카	ケーブルカー	케-부루까-
코스	コース	코-스
콘서트	コンサート	콘사-토

단어만 말해도 뜻은 통한다!

클래식	クラシック	쿠라식쿠
탁구	ピンポン	핑뽕
택시	タクシー	타꾸시
택시 타는 곳	タクシー乗り場	타꾸시 노리바
테니스	テニス	테니스
테니스 코트	テニスコート	테니스코-토
투어	ツアー	츠아-
투어요금	ツアー料金	쯔아-료-낑
티켓 예매처	プレーガイド	프레-가이도
팀	チーム	치-무
파이팅!	ファイト！	화이토
파출소	交番	코-방
파친코	パチンコ	빠칭코
팸플릿	パンフレット	팡후렛또
평야	平野	히라노
폐관	閉館	헤-깡
폐관시간	閉館時間	헤-깐지깡
폭포	滝	타끼

모르는 말 찾기 (표~힘내라)

표	チケッチ	치켓토
풀장	プール	뿌-루
프로그램	プログラム	프로구라무
프로야구	プロ野球	프로야뀨-
플래시	フラッシュ	후랏슈
필름	フィルム	휘루무
하루코스	一日コース	이찌니찌코-스
하이킹	ハイキング	하이킹구
학생	学生	각세-
한국 노래	韓国の歌	캉꼬꾸노 우따
한국어	韓国語	캉꼬꾸고
할인권	割引券	와리비키켕
항만	湾	왕
해변	海辺	우미베
해안	海岸	카이강
해협	海峡	카이쿄-
핸드볼	ハンドボール	한도보-루
현상	現像	겐죠-

단어만 말해도 뜻은 통한다!

호수	湖	미즈우미
화장실	トイレ	토이레
휴게실	休憩所	큐-케-죠
휴관	休館	큐-칸
휴관일	休館日	큐-캄비
힘내라!	かんばれ！	감바레

모르는 말 찾기

Wordbook 7
쇼 핑

간단한 한마디

가장 가까운 ○○○은 어디입니까?

いちばん 近い
이찌방 　　　치까이

백화점	デパート	데파-토
디스카운트숍	安売り店	야스우리뗑
선물가게	おみやげ店	오미야게뗑

は どこですか。
와 　도꼬데스까

○○○을 주세요.

건전지	電池	덴찌
우산	傘	카사
칫솔	歯ブラシ	하브라시

を ください。
오 　쿠다사이

모르는 말 찾기 (가구점~꽃무늬)

가구점	家具店	카구뗑
가디건	カーディガン	카-디간
가방	かばん	카방
가위	はさみ	하사미
가죽	革	카와
갈색	茶色	챠이로
거스름돈	おつり	오쯔리
거울	鏡	카가미
건전지	電池	덴찌
검정	黒	쿠로
검지	人差し指	히토사시유비
견본	見本	미홍
계란	たまご	타마고
계산	計算	케-상
계산대	レジ	레지
고급품	高級品	코-뀨-힝
골동품	骨董品	콧또-힝
골동품점	骨董品店	콧또-힌뗑

단어만 말해도 뜻은 통한다!

과일가게	果物屋	쿠다모노야
구두	靴	쿠쯔
굽	かかと	카까토
귀고리(귀를 뚫음)	ピアス	피아스
귀고리(귀를 뚫지 않음)	イヤリング	이야링구
그림	絵画	카이가
그림엽서	絵葉書	에하가끼
금	金	킹
금색	金色	킹이로
기념품	みやげ物	미야게모노
기념품점	みやげ物屋	미야게모노야
기장	丈	다케
긴소매	長袖	나가소데
길다	長い	나가이
깃	衿	에리
깡통따개	缶切り	캉끼리
꽃가게	花屋	하나야
꽃무늬	花柄	하나가라

모르는 말 찾기 (꽃병~매장)

꽃병	花瓶	카빙
꿀	蜂蜜	하찌미쯔
끈	ひも	히모
끼다	きつい	키쯔이
나일론	ナイロン	나이롱
냄비	なべ	나베
넓다	広い	히로이
넥타이	ネクタイ	네쿠타이
넥타이핀	タイピン	타이삥
노랑색	黄色	키이로
노트	ノート	노-토
녹색	緑色	미도리이로
다른 것	他の物	호까노 모노
다른 색	他の色	호까노 이로
다이아몬드	ダイヤモンド	다이아몬도
단추	ボタン	보탕
달력	カレンダー	카렌다-
담뱃가게	タバコ屋	타바꼬야

단어만 말해도 뜻은 통한다!

데님	デニム	데니무
도자기	陶磁器	토-지끼
두껍다	厚い	아쯔이
디스카운트숍	安売り店	야스우리뗑
따로따로	別々に	베쯔베쯔니
뚜껑	ふた	후따
라디오	ラジオ	라지오
레코드숍	CDショップ	시-디-숍뿌
로션	ローション	로-숑
루비	ルビー	루비-
린스	リンス	린스
립스틱	口紅	쿠찌베니
마	麻	아사
마스카라	マスカラ	마스카라
만년필	万年筆	만넹히쯔
매니큐어	マニキュア	마니큐아
매니큐어 리무버	マニキュアリムーバー	마니큐아 리무-바-
매장	売り場	우리바

모르는 말 찾기 (메이크업베이스~볼터치)

메이크업베이스	下地クリーム	시타지쿠리-무
면	木綿	모멘
면도기	ひげそり	히게소리
면세	免税	멘제-
면세 절차	免税の手続き	멘제-노 테쯔즈끼
면세점	免税店	멘제-뗑
모자	帽子	보-시
모조품	摸造品	모조-힝
목걸이	ネックレス	넥꾸레스
무늬	柄	가라
문방구점	文房具屋	붐보-구야
물방울	水玉	미즈타마
물세탁	水洗い	미즈아라이
미용실	美容院	비요-잉
민소매	タンクトップ	탕크톱뿌
민예품	民芸品	민께이힝
민예품점	民芸品店	민께이힌뗌
바늘	針	하리

단어만 말해도 뜻은 통한다!

바지	ズボン	즈봉
반소매	半袖	한소데
반지	指輪	유비와
밝은	明るい	아까루이
배낭	リュックサック	륙꾸삭꾸
백금	プラチナ	프라치나
백화점	デパート	데빠-또
번화한 거리	にぎやかな 通り	니기야카나 토-리
베이지	ベージュ	베-쥬
벨벳	ビロード	비로-도
벨트	ベルト	베루또
벼룩시장	蚤の市	노미노이치
병따개	栓抜き	센누끼
보라색	紫	무라사끼
보석	宝石	호-세끼
보석점	宝石店	호-세끼뗑
보증서	保証書	호쇼-쇼
볼터치	頬紅	호-베니

모르는 말 찾기 (볼펜~선물)

볼펜	ボールペン	보-루펜
봉제	縫製	호-세이
봉제완구	ぬいぐるみ	누이구루미
봉지	袋	후꾸로
부엌칼	包丁	호-쵸-
부채(접는)	扇子	센스
부채	団扇	우찌와
부츠	ブーツ	부-츠
분홍색	ピンク	핑쿠
브래지어	ブラジャー	부라쟈-
브로치	ブローチ	부로-치
브이넥	Vネック	부이넥쿠
블라우스	ブラウス	부라우스
비누	せっけん	섹껭
비상구	非常口	히죠-구치
비즈니스 수트	広背	세비로
빗	くし	쿠시
빵	パン	빵

단어만 말해도 뜻은 통한다!

빵집	パン屋	팡야
사이즈	サイズ	사이즈
사전	辞書	지쇼
사진관	写真館	샤싱깡
사파이어	サファイア	사화이아
상의	上着	우와기
새끼손가락	小指	고유비
색	色	이로
샌들	サンダル	산다루
생선가게	魚屋	사까나야
샤프펜슬	シャープペンシル	샤-프펜시루
샴푸	シャンプー	샴뿌-
서류가방	書類かばん	쇼-루이까방
서점	本屋	홍야
석류석	ガーネット	가-넷토
선글라스	サングラス	상구라스
선물가게	おみやげ店	오미야게뗑
선물	プレゼント	프레젠토

모르는 말 찾기(선물용~시간)

선물용	プレゼント用	프레젠토요-
선크림	日焼け止めクリーム	히야께도메크리-무
설명서	説明書	세쯔메-쇼
성냥	マッチ	맛찌
세금환불 신고서	税金払い戻しの申告書	제-낑하라이 모도시노 신꼬꾸쇼
세탁소	クリーニング屋	쿠리-닝구야
셔터	シャッタ	샷타-
소가죽	牛皮	규-히
소설	小説	쇼-세쯔
소재	素材	소자이
속옷	下着	시따기
손목시계	腕時計	우데도께-
손수건	ハンカチ	항카치
손톱깎이	爪切り	쯔메끼리
쇼핑가	ショッピング街	숍핑구가이
쇼핑백	紙ぶくろ	카미부꾸로
숄더백	ショルダーバッグ	쇼루다-박구
수선비	直し代	나오시다이

단어만 말해도 뜻은 통한다!

수첩	手帳	테쵸-
수트	スーツ	스-쯔
수필	随筆	즈이히쯔
숙녀화	婦人靴	후징구쯔
순금	純金	쥼낑
쇼윈도	ショーウインドー	쇼-인도-
슈퍼마켓	スーパー	스-파-
스니커즈	スニーカー	스니-카-
스웨이드	スエード	스에-도
스웨터	セーター	세-타-
스카프	スカーフ	스까-후
스커트	スカート	스카-토
스킨	化粧水	게쇼-스이
스타킹	ストッキング	스톡킹구
스포츠용품점	スポーツ用品店	스뽀-쯔 요-힝텡
스푼	スプーン	스푸-웅
슬립	スリップ	스립뿌
시간	時間	지깡

모르는 말 찾기 (시장~양복점)

시장	市場	이찌바
시계	時計	토께-
시계점	時計店	도께이뗑
식기	食器	속끼
식기점	食器店	속끼뗑
식료품매장	食料品 売り場	쇼꾸료-힝 우리바
식료품점	食料品店	쇼꾸료-힌뗑
식염수	生理食塩水	세이리쇼꾸엔스이
식탁보	テーブルクロス	테-부루꾸로스
신문	新聞	심붕
신사복	紳士服	신시후쿠
신사화	紳士靴	신시구쯔
신용카드	クレジットカード	크레짓토카-도
신제품	新製品	신세-힝
실례합니다	失礼します	시쯔레-시마스
실	糸	이또
실크	絹	키누
CD플레이어	CDプレーヤー	시디프레-야-

300

단어만 말해도 뜻은 통한다!

아동복	子供服	코도모후꾸
아이라이너	アイライナー	아이라이나-
아이브로 펜슬	眉墨	마유즈미
아이섀도	アイシャドウ	아이샤도-
아쿠아마린	アクアマリン	아쿠아마린
악어가죽	ワニ皮	와니가와
안경	めがね	메가네
안내서	案内書	안나이쇼
안내소	案内所	안나이죠
애프터서비스	アフターサービス	아후타-사-비스
액자	額ぶち	가꾸부찌
야외시장	青空市場	아오조라이치바
야채가게	八百屋	야오야
약국	薬屋/薬局	쿠스리야/약꼬꾸
약지	薬指	쿠스리유비
양말	靴下	쿠쯔시따
양복	スーツ	스-쯔
양복점	洋服店	요-후꾸뗑

모르는 말 찾기 (어두운~인조가죽)

어두운	暗い	쿠라이
어서 오십시오	いらっしゃいませ	이랏샤이마세
얼마에요?	いくらですか	이꾸라데스까
엄지	親指	오야유비
에메랄드	エメラルド	에메라루도
에스컬레이터	エスカレーター	에스카레-타-
엘리베이터	エレベーター	에레베-타-
여행가방	旅行かばん	료꼬-까방
여행자수표	トラベラーズチェック	토라베라-즈첵쿠
연필	鉛筆	엠삐즈
영수증	領収書	료-슈-쇼
영업시간	営業時間	에-교-지캉
예산	予算	요상
오렌지색	オレンジ色	오렌지이로
오버코트	オーバー	오-바-
오팔	オパール	오파-루
옷 가게	洋服店	요-후꾸뎅
옷핀	安全ピン	안젬핀

단어만 말해도 뜻은 통한다!

와이셔츠	ワイシャツ	와이샤츠
완구점	おもちゃ店	오모쨔뗑
욕의	浴衣	유까따
우산	傘	카사
우표	切手	킷떼
운동복	トレーナー	토레-나-
운동화	運動靴	운도-구쯔
울	ウール	우-루
워크맨	ウォークマン	워-크망
원피스	ワンピース	완피-스
월간지	月刊誌	겟깐시
유아복	ベビー服	베비-후꾸
은	銀	깅
의류매장	衣料品売り場	이료-힝 우리바
이것을 주세요	これを ください	코레오 쿠다사이
이발소	床屋	토꼬야
2층	二階	니까이
인조가죽	合成皮革	고-세-히카쿠

모르는 말 찾기 (인형~짧다)

인형	人形	닝교-
입구	入口	이리구치
입어 보는 곳	試着室	시챠꾸시쯔
자수정	アメジスト	아메지스토
작다	小さい	치이사이
잔돈 주머니	ポーチ	포-치
잠옷	寝巻き	네마키
잡지	雑誌	잣시
잡화점	雑貨屋	작카야
장갑	手袋	데부꾸로
장식물	置物	오끼모노
장지갑	札入れ	사쯔이레
장화	雨靴	아마구쯔
재킷	上着	우와기
전기밥솥	炊飯器	스이항끼
전등	ライトスタンド	라이또스딴도
전문점	専門店	셈몬뗑
점원	店員	뗑잉

단어만 말해도 뜻은 통한다!

접시	(お)皿	(오)사라
정기휴일	定休日	테-큐-비
정육점	肉屋	니쿠야
정찰가격	正札価格	쇼-후다카까꾸
제과점	菓子店	카시야
제화점	靴屋	쿠쯔야
조끼	ベスト	베스토
좁다	狭い	세마이
주간지	週刊誌	슈-깐시
주머니	ポケット	포켓또
줄무늬	縞模様	시마모요-
중지	中指	나카유비
지도	地図	치즈
지갑	財布	사이후
지퍼	ファスナー	화스나-
진열장	陳列棚	친레쯔다나
진주	真珠	신쥬
짧다	短い	미지까이

모르는 말 찾기 (책~포크)

책	本	홍
책방	本屋	홍야
철물점	金物屋	카나모노야
청바지	ジーンズ	진-즈
청소기	掃除機	소-지끼
체크무늬	チェック	첵쿠
치약	歯みがき	하미가끼
칫솔	歯ブラシ	하브라시
카메라점	カメラ店	카메라뗑
카펫	カーペット	카-뺏또
칼	ナイフ	나이후
캐릭터 상품	キャラクター商品	카라쿠타-쇼힝
캐시미어	カシミア	카시미아
캐주얼	カジュアル	카쥬이루
커프스링크	カフスボタン	카후스보땅
커피잔	コーヒーカップ	코-히-캅뿌
컴퓨터	コンピューター	콤퓨-타-
컵	コップ	콥뿌

단어만 말해도 뜻은 통한다!

코트	コート	코-토
크다	大きい	오-끼-
크림	クリーム	쿠리-무
탁상시계	置時計	오끼도께이
탈의실	試着室	시챠꾸시쯔
텔레비전	テレビ	테레비
토파즈	トパーズ	토파-즈
투피스	ツーピース	츠-삐-스
티셔츠	Tシャツ	티샤쯔
파랑	青	아오
파우더	おしろい	오시로이
팔찌	フレスレット	후레스렛토
팬티	パンティ	판티
펜던트	ペンダント	펜단또
편지봉투	封筒	후-토-
편지	便箋	빈센
포장	包装	호-소-
포크	フォーク	호-쿠

모르는 말 찾기 (폴리에스테르~흰색)

폴리에스테르	ポリエステル	포리에스테루
폼 클렌저	洗顔フォーム	셍간호-무
풀	のり	노리
필름	フィルム	휘루무
핑크색	ピンク	삥꾸
하이힐	ハイヒール	하이히-루
할인	割引	와리비끼
핸드백	ハンドバッグ	한도박구
햄	ハム	하무
향수	香水	코-스이
허리	ウエスト	우에스토
헐렁하다	ゆるい	유루이
헤어브러시	ヘアブラシ	헤아브라시
현금	現金	겡낑
화랑	ギャラリー	갸라리-
화운데이션	ファンデーション	환데-숑
화장실	トイレ	토이레
화장지	トイレットペーパー	토이렛또뻬-빠-

단어만 말해도 뜻은 통한다!

화장품	化粧品	케쇼-힝
화장품점	化粧品店	케쇼-힌뗑
화학섬유	化学繊維	카가꾸셍이
환전소	両替所	료-가에쇼
회색	灰色	하이이로
흰색	白	시로

모르는 말 찾기

Wordbook 8
문제해결

간단한 한마디

제 ○○○을 도둑 맞았습니다.

私の
와따시노

지갑	財布	사이후
핸드백	ハンドバッグ	한도박구
짐	荷物	니모쯔

が 盗まれました。
가　누스마레마시따

○○○은 어디입니까?

병원	病院	뵤-잉
약국	薬局	약꾜꾸
경찰서	警察署	케-사쯔쇼

は どこですか。
와　도꼬데스까

모르는 말 찾기 (가방~반창고)

가방	かばん	카방
가슴	胸	무네
간호사	看護婦	캉고후
감기	風邪	카제
감기약	風邪薬	카제구스리
검사	検査	켄사
경찰	警察	케-사쯔
경찰서	警察署	케-사쯔쇼
고혈압	高血圧	코-께쯔아쯔
골절	骨折	콧세쯔
교통사고	交通事故	코-쯔-지꼬
구급차	救急車	큐-뀨-샤
귀	耳	미미
기관지염	気管支炎	키깐시엥
기침	咳	세끼
내과	内科	나이까
넓적다리	太股	후또모모
눈	目	메

단어만 말해도 뜻은 통한다!

눈썹	まゆげ	마유게
다리	足	아시
담배	タバコ	타바꼬
당뇨	糖尿	토-뇨-
도둑	泥棒	도로보-
돈	(お)金	(오)까네
두드러기	じんましん	진마신
등	背中	세나까
렌터카 회사	レンタカー会社	렌터카-가이샤
맹장염	盲腸炎	모-쪼-엥
머리	頭	아따마
머리카락	髪の毛	카미노께
명치	みぞおち	미조오찌
목	首	쿠비
목구멍	喉	노도
몸	体	카라다
무릎	ひざ	히자
반창고	ばんそうこう	반소-꼬-

모르는 말 찾기 (발~수술)

발	足	아시
발목	足首	아시쿠비
발행부본	発行の控え	학꼬-노히까에
방사선과	放射線科	호-샤센까
배	お腹	오나까
배꼽	へそ	헤소
버스 안	バスの中	바스노 나까
변	便	벵
변검사	便の検査	벵노 켄사
변비	便秘	벰삐
병원	病院	뵤-인
보험	保険	호껜
복사뼈	くるぶし	쿠루부시
부상	けが	케가
붕대	包帯	호-따이
비뇨기과	泌尿器科	히뇨-키까
빈혈	貧血	힝께쯔
뺑소니	ひき逃げ	히끼니게

단어만 말해도 뜻은 통한다!

뺨	頬	호-
사고 상황	事故の状況	지꼬노 죠-꼬-
사고증명서	事故証明書	지꼬쇼-메-쇼
산부인과	産婦人科	샹후징까
상대편	相手	아이떼
설사	下痢	게리
소독약	消毒薬	쇼-도꾸야꾸
소변	尿	뇨-
소변검사	尿の検査	뇨-노 켄사
소아과	小児科	쇼-니까
소화불량	消化不良	쇼-까후료-
손	手	테
손가락	指	유비
손가방	バッグ	박구
손목	手首	테꾸비
손톱	爪	쯔메
수면제	睡眠薬	스이민야꾸
수술	手術	슈쥬쯔

모르는 말 찾기 (순찰차~장딴지)

순찰차	パトカー	파토카-
술	アルコール	아루코-루
숨	息	이끼
식욕	食欲	쇼꾸요꾸
식전	食前	쇼꾸젠
식중독	食あたり	쇼꾸아따리
식후	食後	쇼꾸고
신경외과	神経外科	싱께-게까
아스피린	アスピリン	아스삐린
안과	眼科	간까
안약	目薬	메구스리
안정	安静	안세-
알레르기	アレルギー	아레루기-
약	薬	쿠스리
어깨	肩	카따
얼굴	顔	카오
엉덩이	おしり	오시리
엑스레이	レントゲン	렌토겐

단어만 말해도 뜻은 통한다!

여권	パスポート	파스포-토
연고	軟膏	난꼬-
연락처	連絡先	렌라꾸사끼
영수증	領収書	료-슈-쇼
오한	寒気	사무께
왕진	往診	오-신
외과	外科	게까
운전면허증	運転免許証	운뗌멩꾜쇼-
위경련	胃痙攣	이케-렌
위장약	胃腸薬	이쵸-야꾸
유실물취급소	遺失物係	이시쯔부쯔가까리
응급처치	応急手当	오-뀨-테아떼
의사	医者	이샤
이마	額	히따이
이비인후과	耳鼻咽喉科	지비인코-까
임신중	妊娠中	닌싱쮸-
입	口	구찌
장딴지	ふくらはぎ	후꾸라하기

모르는 말 찾기 (장소~화상)

장소	場所	바쇼
재발행	再発行	사이학꼬-
전철 안	電車の中	덴샤노 나까
절차	手続き	테쯔즈끼
정신과	精神科	세-싱까
정형외과	整形外科	세-께-게까
주사	注射	츄-샤
주소	住所	쥬-쇼
지갑	財布	사이후
진단서	診断書	신단쇼
진찰실	診察室	신사쯔시쯔
진통제	鎮痛剤	친쯔-자이
차량번호	車のナンバー	쿠루마노 남바-
처방전	処方箋	쇼호-센
천식	喘息	젠소꾸
체온	体温	타이온
체질	体質	타이시쯔
코	鼻	하나

단어만 말해도 뜻은 통한다!

코감기	鼻風邪	하나카제
콧물	鼻水	하나미즈
파스	湿布	십뿌
팔꿈치	ひじ	히지
팔	腕	우데
폐렴	肺炎	하이엥
피부	皮膚	히후
피부과	皮膚科	히후까
한국대사관	韓国大使館	캉꼬꾸 타이시깐
한약	漢方薬	캄뽀-야꾸
해열제	解熱剤	게네쯔자이
핸들	ハンドル	한도루
허리	腰	코시
혀	舌	시따
혈압	血圧	케쯔아쯔
혈액검사	血液の検査	케쯔에끼노 켄사
혈액형	血液型	케쯔에끼가따
화상	やけど	야께도

꼭! 필요한 **여행 일본어**

2015년 12월 12일 1판 3쇄 인쇄
2015년 12월 15일 1판 3쇄 발행

지은이 | 편집부
펴낸이 | 김남일
펴낸곳 | **TOMATO**
등록번호 | 제 6-0622호
주소 | 서울 동대문구 답십리로38길 56 월드시티빌딩 501호
전화 | 0502-600-4925
팩스 | 0502-600-4924

ISBN 978-89-91068-64-3
파본은 교환해 드립니다(정가는 표지에 있습니다).
토마토출판사 홈페이지(www.tomatobooks.co.kr)